Descubra

LA DIFERENCIA ENTRE

AMOR Y SEXO

Descubra
LA DIFERENCIA ENTRE
AMOR Y SEXO

p. roger hillerstrom
karlyn hillerstrom

PORTAVOZ

La misión de *Editorial Portavoz* consiste en proporcionar productos de calidad —con integridad y excelencia—, desde una perspectiva bíblica y confiable, que animen a las personas a conocer y servir a Jesucristo.

Título del original: *The Intimacy Cover-Up: Uncovering the Difference Between Love and Sex,* © 2004 por P. Roger Hillerstrom y Karlyn Hillerstrom y publicado por Kregel Publications, Grand Rapids, Michigan 49501.

Edición en castellano: *Descubra la diferencia entre amor y sexo,* © 2006 por P. Roger Hillerstrom y Karlyn Hillerstrom y publicado por Editorial Portavoz, filial de Kregel Publications, Grand Rapids, Michigan 49501. Todos los derechos reservados.

A menos que se indique lo contrario, todas las citas bíblicas han sido tomadas de la versión Reina-Valera 1960, © Sociedades Bíblicas Unidas. Todos los derechos reservados.

EDITORIAL PORTAVOZ
P.O. Box 2607
Grand Rapids, Michigan 49501 USA

Visítenos en: www.portavoz.com

ISBN 0-8254-1315-X

1 2 3 4 5 edición / año 10 09 08 07 06

Impreso en los Estados Unidos de América
Printed in the United States of America

JUL 2008

Para Beth
Mi amiga, mi compañera, mi esposa.
Al cabo de veinticinco años, aún nos estamos dando cuenta de que
la intimidad genuina lleva mucho más trabajo que
escribir un libro. Gracias.
—Roger

Para mi futuro esposo.
Ansío estar contigo con todo mi corazón.
¡Compartir la vida contigo va a ser maravilloso!
Te amo.
—Karlyn

contenido

una palabra de agradecimiento de Roger

Todo libro es el trabajo de muchas personas que están detrás del autor, que resulta obtener todo el crédito. Yo me siento en deuda con mucha gente que ha agregado su discernimiento, sabiduría y vida a este libro.

A mi esposa, Beth, cuyo discernimiento singular, experiencia de vida y sabiduría dan tanta forma a lo que yo pienso y hago. Gracias, cariño. ¡Eres increíble!

A mis queridos amigos, compañeros de vida y de viajes que actúan como mi tabla de armonía, marco de referencia y probadores de la realidad: Mark Robertson, Bill Henderson, Ron Rock, Bob Sturm y Dan Agries. Manténgase en forma, muchachos; serán quienes porten mi féretro.

A mis colegas en el *Heritage Counseling Associates* que me han visto a lo largo de más de veinte años de desarrollo personal y profesional: El doctor Grant Martin, el doctor Claude McCoy, Jackie McCoy y el doctor Larry Bailey. Buenos amigos y colegas respetados que me han dado más forma de lo que ellos suponen.

A Carrie Abbott, cuyo flujo infinito de aliento y discernimiento es una bendición que contagia.

A Vicki Dihle, cuyo arduo trabajo y experiencia hicieron lo que yo no podía hacer.

A Dennis Hillman y a los editores de *Kregel Publications*, que tuvieron confianza en este libro como para arriesgarse a apurárse y a imprimirlo. A *Editorial Portavoz* quien ofrece la presente versión en castellano.

A mi amigo Barry Landi, quien a través de ensayo y error, está trabajando conmigo y con mi papel de papá súper acelerado. Persevera, Barry, bien vale la pena.

Una palabra de agradecimiento de Karlyn

Al hombre que es mi fortaleza, mi consuelo, mi risa, mi aliento, mi amigo y mi amor a través de todo: Jesús. Yo no sería nada, no sabría nada y no tendría ningún efecto sin ti. Te amo cada día más.

A mamá y a papá. Como primogénita he tenido el "privilegio" de ser su conejillo de indias. Las cosas que me han enseñado me dieron forma como persona y a pesar de nuestras frustraciones periódicas, me siento agradecida porque Dios me colocó en su familia. A medida que crezco y me hago mi propio lugar en el mundo, con orgullo llevo sus huellas en mi vida.

A mi increíble novio, Barry. Gracias por no huir cuando descubriste en qué te estabas metiendo. He sido bendecida con tu sabiduría, tu visión de la vida y tu entusiasmo por el ministerio. La vida junto a ti es siempre una aventura y nunca participé de una mayor que esta. Incluso en los momentos difíciles... ¡caerse es tan divertido!

A mi mejor amiga, Mary Frances. Tú eres mi fuente de racionalidad, mi social en el delito, mi tabla de armonía. Tu amistad ha tenido una participación enorme en convertirme en quien soy. Hasta que seamos dos viejitas divertidas sin dientes y sin aretes en las orejas, serás mi mejor mitad.

A Dana, mi cercana amiga y mentora. Me has dado forma para siempre. He sido tan bendecida al observar desde dentro mientras vivías tus luchas con gozo y transparencia y darle color a todo en la vida con tu marca propia de humor "especial". Me has enseñado mucho acerca del "otro costado de la vida".

A Randy, quien ha sido mi "hermano" durante muchos años; me has cambiado para siempre. Constantemente estoy aprendiendo de tu sólida amistad y de tu pasión enorme por Jesús.

A mi amigo Brendan, con quien comencé a descubrir las obras complicadas de una relación. Nuestra amistad me ha bendecido y enseñado mucho. Bren: Gracias.

A Jen y Kathleen, que dedicaron muchos años invirtiendo en mí y en mi clase en NBC. Describir lo que han hecho por mí llevaría más de un libro. Les estoy agradecida.

A amigos increíbles, especialmente a mi clase superior en NBC: Ojalá pudiera nombrarlos a todos. Las piezas de sí mismos que han colocado en mi vida siempre estarán allí. Me han enseñado mucho. ¡Los amo a todos!

introducción

El primer libro que escribí sobre este tema, *Intimate Deception* [Engaño íntimo], se publicó en 1989. En ese momento muy poco se había escrito sobre el efecto del sexo prematrimonial sobre el desarrollo del matrimonio y las relaciones íntimas. Los modelos dolorosos se mostraban a diario en mi consultorio, pero las alternativas a la terapia eran pocas. *Intimate Deception* fue bien recibido; sigo recibiendo llamadas, notas y pacientes como resultado de la gente que leyó el libro.

Han pasado quince años. Mi cabello está un poco más canoso y mi rostro tiene unas pocas arrugas más. He publicado otros dos libros *Your Family Voyage* [El viaje de su familia] y *Adult to Adult* [De adulto a adulto] y con mis socios, inicié una clínica de consejería. Desde ese momento los principios de *Intimate Deception* no cambiaron nada. Si bien los principios permanecieron inmutables, es hora de actualizar el material con investigación y estadísticas actuales. También hay temas adicionales que deben abordarse ahora. Así que, decidí rescribir el libro.

Durante esos quince años, mi primogénita ha crecido. Tiene voz propia, con discernimientos y experiencias de vida que complementan la perspectiva de este viejo tipo. Ha sido un deleite tenerla como coautora, agregando su propia opinión a estas verdades. Si bien mis escritos reflejan veinte años de práctica clínica y caminar con personas que sufren, Karlyn trae la frescura, la inocencia y la esperanza de un corazón joven. Su escritura es un reflejo de esta etapa particular de su vida. Así como Dios esculpió mi pensamiento con el paso de los años, espero con ansias observar su mano amorosa dar forma a Karlyn. La edad cambia la perspectiva y para muchos lectores sus palabras hoy día resonarán de formas que las mías no pueden resonar.

Si bien he intentado que este libro no fuera explícitamente ofensivo, no es un libro para niños. Les he escrito a los adultos que quieren mejorar sus relaciones. Para quienes no están casados, su propósito es el de ayudarlos a desarrollar relaciones sanas en las que pueda crecer y florecer la intimidad emocional. Para las parejas casadas, su meta es la de restaurar y reconstruir relaciones que han sido dañadas por malas decisiones respecto de la sexualidad. Para los padres, pastores y líderes de jóvenes, es una herramienta para tratar con las preguntas, preocupaciones y temores de los jóvenes en una sociedad que ha confundido profundamente el propósito de las relaciones sexuales.

A medida que lea este libro, mi oración es que encuentre lo que necesita para fortalecer, profundizar y tal vez sanar sus relaciones más estrechas.

—P. ROGER HILLERSTROM

I

Al descubrir la trampa

"¡Tú eres el que está loco!", Susana estaba enojada y ofendida. "Solo porque disfruté de tener intimidad no significa que mi psique esté hecha un lío. ¡Creo que tú eres el que necesita de un psiquiatra! El sexo no es nada más que dos personas que se quieren y que se tocan; siempre que ambos lo disfruten y nadie salga herido, no hay nada malo en ello. Es hermoso, puro y bueno. ¡Es gente como tú la que lo convierte en algo sucio!"

El padre de Susana había traído a su atractiva hija de diecinueve años a mi consultorio para una evaluación psicológica. Su preocupación partía de su promiscuidad sexual. Apoyó la espalda en su silla, mirando intensamente a su hija. "¡Toda esta conversación es desagradable! La gente decente ni siquiera habla de estas cosas. Cuando yo tenía tu edad nunca imaginé las cosas que tú haces. Nadie había oído hablar de herpes o de SIDA. Los hombres y las mujeres podían enamorarse sin comportarse como animales". Su voz se acalló casi hasta llegar a ser un susurro. "En ese entonces el mundo era mejor".

Susana y su padre ejemplifican las grandes diferencias en las actitudes sexuales mantenidas por nuestra cultura. Los padres y sus hijos a veces están tan drásticamente en desacuerdo en sus visiones que no hay espacio aparente para la comprensión y mucho menos para la concesión. Incluso dentro de la misma generación vemos enormes diferencias en valores, opiniones y prácticas. La propia naturaleza y función de la relación sexual parece poco clara a veces. El resultado para innumerables personas es la confusión y el alejamiento de relaciones sanas.

Entonces, ¿qué hay de nuevo?

Este conflicto y esta confusión pueden parecer ser un producto de la generación "del ahora", pero eso no es cierto. El torbellino ha durado siglos. La civilización atraviesa cambios en sus actitudes sexuales, en los enfoques a la sexualidad y la historia muestra la oscilación en el péndulo de los valores sexuales.

La decorosa Era Victoriana de fines del siglo XIX reflejaba un extremo. El temor a la sensualidad y al comportamiento pecaminoso era tan grande que trajo aparejada la costumbre de coser cubiertas para mesas donde se veían las piernas. Se pensaba que la visión de una pierna, incluso debajo de la mesa, podía estimular pensamientos lascivos.

Esa era dio lugar a los Locos Veinte, un período de indulgencia económica y moral. Las mujeres levantaron sus faldas, se cortaron el cabello y fumaban cigarrillos. Hablar de sexo y escribir libros sobre sexo ya no eran tabú. Se había instalado la libertad sexual.

La década de los treinta trajo consigo la Gran Depresión y con ella un resurgir de los valores conservadores. Las actitudes sexuales cada vez menos se convirtieron en tema de conversación. El tabú nuevamente estaba de moda.

No fue hasta el *Baby Boom* de finales de la década del cuarenta y principios de la década del 50 que el péndulo comenzó a oscilar en la otra dirección. Se había terminado la guerra, la economía estaba mejor y el Informe Kinsey trajo nuevamente el sexo a la luz.

Durante las décadas del 60 y del 70, el *rock* and *roll*, los *hippies* y la filosofía de *playboy* gozaron de su apogeo. La marihuana, el ácido y el amor libre eran términos comunes junto con sobredosis y enfermedades venéreas.

Cada vez que oscila el péndulo, oscila un poco más lejos y se queda allí un poco más. Con cada extremo, tanto las personas como la sociedad experimentan consecuencias negativas.

LOS buenos viejos tiempos

He hablado con muchas personas de todas las edades que crecieron en una era o en un entorno familiar que presentaba el sexo como algo inherentemente malo. Percibido por algunas mujeres de muchas generaciones como una experiencia desagradable que los maridos requerían de las esposas, las relaciones sexuales han sido consideradas por algunos grupos religiosos como un acto de desagrado para Dios, pero necesario para procrear. Y algunos cristianos aún suponen que el sexo debe ser el resultado de la caída de Adán y Eva, convirtiendo esto por lo tanto en algo que solo debe controlar Dios a través de múltiples reglamentaciones, mandatos y penalidades. La influencia de dicha perspectiva sigue siendo fuerte en muchas familias hoy día.

Los resultados son predecibles. Los temores y las ansiedades sobre el comportamiento sexual son comunes. Las personas se sienten incómodas tratando los problemas involucrados en las relaciones sexuales. La culpa y la confusión sobre el sexo probablemente sea la experiencia más común de todas.

Temor, ansiedad, culpa y confusión son términos que describen la atmósfera sexual de las generaciones pasadas y hasta cierto grado, a segmentos de esta generación. Pero el péndulo sigue oscilando.

¿La nueva "solución"?

La oscilación actual del péndulo sexual parece reflejar y alentar una perspectiva opuesta a la de las generaciones anteriores. Los programas de televisión promueven el sexo, los avisos comerciales lo publicitan, Hollywood le da glamour, los padres lo toleran y las iglesias lo ignoran. *U.S. News* y *World Report* presentan una imagen para nosotros:

"¿Han oído un sermón sobre 'convivir'?", pregunta el columnista religioso Michael McManus en su libro de 1995, *Marriage Savers* [Salvadores del matrimonio]. La condena del sexo adulto prematrimonial ha desaparecido virtualmente de la prédica religiosa, incluso en las homilías de los sacerdotes católicos. "En los púlpitos se ha dado un alejamiento sobre la moralización del sexo antes del matrimonio", dice el arzobispo James McHugh, el arzobispo de Camden, N.J. ¿Por qué tal reticencia? La respuesta puede parecer obvia. Los estadounidenses, por lo menos tácitamente, han dejado de lado la noción de que el estado prematrimonial apropiado es el de castidad. La Biblia puede haberlo advertido, como los residentes de Sodoma y Gomorra, quienes "se vuelcan a la fornicación" sufrirán la "venganza del fuego eterno". Sin embargo, para la mayoría de los estadounidenses, el sexo adulto prematrimonial se ha convertido en el "pecado" al que no solo le dan un guiño, sino que apoyan en silencio. En la televisión, los vírgenes adultos son casi tan raros como un coche tirado por caballos en Manhattan. Varios estudios han descubierto que la red televisiva del horario central muestra implícitamente el sexo prematrimonial y que pone en el aire tanto como ocho muestras del mismo por cada imagen de sexo entre parejas casadas.

Sin embargo, este consenso superficial refleja una transformación bastante rápida y sorprendentemente compleja en las actitudes estadounidenses. La idea de que el sexo debe reservarse para el matrimonio ahora parece ser anticuada, pero no hace mucho tiempo que una gran mayoría de estadounidenses sostenían justo esa creencia. Tan tarde como en 1968, por ejemplo, millones de estadounidenses consideraban que era digno de una noticia el hecho de que dos alumnos universitarios no casados de veinte años admitieran públicamente que convivían. Los periódicos y las revistas repetían el relato de Linda LeClair, una alumna de segundo año del Barnard College y de Peter Behr, un graduado de la Universidad de Columbia, que aceptaron que habían violado las reglas de vivienda del Barnard College al "sacudirse" juntos en un apartamento fuera de la universidad.

La caracterización televisiva del sexo fuera del matrimonio también ha dado un vuelco. El senador Daniel Patrick

Moynihan podría decir que el tratamiento que le da la televisión al sexo prematrimonial es un ejemplo clásico de "definir como algo bajo una desviación": Lo que alguna vez se consideró una desviación o algo anormal ahora se trata como la norma. En su libro *Prime Time* [Horario principal], Robert Lichter y sus colegas en el Centro para los medios de comunicación y asuntos públicos descubrieron que ahora la televisión en su horario principal apoya la intención de tener relaciones sexuales en adultos no casados en aproximadamente tres de cada cuatro casos y solo presenta preocupaciones en el cinco por ciento de las veces. "En programas como *Three's company*, los personajes hablan mucho sobre el sexo prematrimonial", dice Lichter. "Pero en ese entonces los programas no buscaban específicamente justificar el sexo sin estar casados".

Los productores y los guionistas de cine parecen redundar en gran medida en esta permisividad, si bien los espectadores· parecen molestos. En una encuesta de *U.S. News* del año pasado, solo el treinta y ocho por ciento de la minoría de Hollywood estaba preocupada acerca de cómo la televisión describía el sexo prematrimonial, en comparación con un ochenta y tres por ciento del público. "Hollywood ha glorificado el sexo prematrimonial adulto", sostiene el senador Joseph Lieberman. "Y eso no ayuda si nuestra meta consiste en reducir los embarazos de adolescentes y los nacimientos fuera del matrimonio".

En este clima, la sugerencia de la que abstinencia es preferible al sexo para los adultos no casados parece retrógrada, tan oportuna como recomendar que los carruajes tirados por caballos reemplacen a los automóviles. Es la virginidad lo que ahora resulta ser una novedad.[1]

La presión para participar en la actividad sexual no es una sorpresa. Nuestra sociedad refuerza el mensaje en cada momento. Estudio tras estudio refleja la influencia de los medios populares de comunicación: La televisión, el cine y la música, en impulsar esta tendencia hacia la sexualidad promiscua. Una encuesta ha demostrado que en el transcurso de un año el espectador promedio ve en las horas principales de la televisión más de 9.000 escenas que sugieren relaciones sexuales o insinuaciones sexuales presentes. La gente joven es bombardeada con el mensaje de que la actividad sexual prematrimonial es normal, deseable y madura. De hecho, se les enseña que para ser populares y sofisticados deben ser sexualmente activos. Los resultados de este sesgo cultural son predecibles. En esta atmósfera moralmente relajada, el sexo se separa del compromiso para que el sexo prematrimonial parezca algo normal y sano. Las enfermedades de transmisión sexual tales como sífilis, gonorrea, herpes genital y SIDA existen en alarmantes cantidades en todos los niveles de la sociedad. Nuestra sociedad está plagada de embarazos no deseados, niños ilegítimos y madres adolescentes no casadas. Ha surgido una crisis sobre el tema del aborto, que con demasiada frecuencia es el deseo de destruir a los hijos producidos como resultados de la irresponsabilidad sexual.

Cada año tres millones de adolescentes adquieren una enfermedad de transmisión sexual, muchas de las cuales son incurables.[2] El quince por ciento de niñas adolescentes sexualmente activas son infectadas por el virus papiloma humano, muchas con una cadena del virus vinculado al cáncer cervical.[3] El Centro para el Control de Enfermedades (CDC en inglés) calcula que entre 100.000 y 150.000 mujeres se vuelven estériles debido a infecciones pélvicas relacionadas con enfermedades de transmisión sexual.

Entre 1983 y 1993 la cantidad de madres solteras aumentó un sesenta por ciento. En 1999, un estudio descubrió que casi un millón de niñas adolescentes, el diez por ciento de todas las mujeres de entre quince y diecinueve años, quedaban embarazadas cada año.[4] En 1996, se realizaron 274.000 abortos en adolescentes.[5] Según los estudios del *Guttmacher Institute*, el cuarenta por ciento de los estudiantes de noveno grado y más de la mitad de adolescentes de diecisiete años ya han tenido relaciones sexuales.[6]

Si bien las estadísticas son alarmantes, las consecuencias son todavía más profundas. Muchos de los resultados de estas actitudes sexuales no son tan evidentes. Como terapeuta de familia, periódicamente veo los efectos de la actitud de nuestra sociedad hacia el sexo prematrimonial: Por lo general años más tarde y con mayor frecuencia en los matrimonios falta de intimidad, falta de confianza, problemas de comunicación, disfunción sexual... y la lista sigue y sigue. Todos estos se originan de un acto que promueve nuestra sociedad como sano y deseable. Pero recién estamos comenzando a observar una nueva sobriedad hacia la promiscuidad sexual. A la luz de las epidemias de enfermedades y del vacío espiritual, emocional y de las relaciones, muchas personas están preparadas para que el péndulo se mueva en la otra dirección.

¿Adónde nos dirigimos desde aquí?

Ambos puntos de vista, la laxitud sexual y la rigidez sexual, son distorsiones de la verdad. Son reacciones exageradas que se basan en la ignorancia y que derivan en consecuencias serias e innecesarias. Ninguno de esos puntos de vista es un reflejo preciso de una relación sexual sana, ni un entendimiento razonable de cómo funcionan las relaciones sexuales.

Imagínese que se acaba de comprar el automóvil de sus sueños, un *Corvette* flamante. Dos millones de caballos de fuerza, de cero a noventa kilómetros en medio segundo. No tiene ni un rayón. ¡Es hermoso! Cada pieza del motor está hecha a la perfección y sintonizado con precisión. Todo es justo como debería ser. Es capaz de un desempeño absolutamente óptimo. Usted trae este vehículo a casa y llena el tanque de gasolina con agua.

Ahora bien, ¿qué sucede si realmente cree que el auto no se verá afectado por el agua en el tanque? ¿Y qué si ha decidido que el agua no influye en el desempeño del automóvil? No importa qué haya decidido que es cierto o lo que espera. El auto no andará. Punto. Su creencia no es una variable. El automóvil no ha sido diseñado para funcionar de este modo y toda la racionalización del mundo no va a cambiar eso. Su inversión en este carro debería llevarlo a estudiarlo, porque vale la pena el esfuerzo de comprender cómo funciona mejor.

Invertimos mucho de nosotros mismos en nuestras relaciones más estrechas. Bien valen la pena nuestro tiempo y energía para comprender qué hará que estas relaciones funcionen bien. En este libro exploramos un aspecto significativo de estas relaciones para ayudarlo a hacerlas funcionar a su máxima capacidad y satisfacción.

Hoy día muchas parejas jóvenes realizan preguntas importantes acerca de sus relaciones sexuales:

"¿Por qué no practicar nuestra respuesta sexual así como practicamos otras cosas antes de casarnos, tales como la comunicación y la toma de decisiones?"

"Ya que estamos comprometidos uno con el otro, ¿para qué esperar por un pedazo de papel?"

"Nos amamos y nos vamos a casar. ¿No es eso lo que verdaderamente importa?"

"¿No es rígido y legalista adherir a un conjunto de éticas de una cultura y un contexto totalmente diferente al nuestro?"

"¿Dios no está más interesado en el amor y la relación que en una licencia matrimonial?"

Estas preguntas merecen una respuesta y ellas, así como muchas otras, serán respondidas en los siguientes capítulos.

Este es un libro sobre el engaño y la confusión implícitos en el malentendido del funcionamiento sexual natural y sano. Al corregir estos malentendidos y al cambiar nuestro enfoque a las relaciones íntimas, nosotros, como personas y tal vez como una sociedad, podemos evitar la destrucción y el dolor que es tan común hoy día.

En estos capítulos exploramos "esta confusión" desde los campos de la psicología, la sociología y la medicina. Analizamos su efecto sobre las relaciones así como también sobre el desarrollo emocional y sexual individuales. Finalmente, exploramos formas de evitar estas trampas o, si ya se está atrapado, cómo salirnos de ellas.

Al final de cada capítulo incluyo una sección titulada "Acercándonos". El propósito de esta sección es el de ayudar al lector a reconocer, evaluar y evitar trampas posibles relacionadas con relaciones íntimas, así como también proporcionar pautas para desarrollar una intimidad genuina a través de la comunicación.

Acercándonos

1	2	3	4	5°	6	7	8	9	10
Conservativo									**Liberal**

1. Coloque una X encima del número que representa dónde piensa que está entre sumamente liberal y sumamente conservador en las actitudes sexuales.
2. Coloque una A encima del número donde piensa que está la mayoría de la gente de su edad.
3. ¿Sus sentimientos acerca de la ubicación de su X son más positivos que negativos, o viceversa?
4. ¿Cómo piensa que la visión de sus pares afecta dónde se ubicó en el continuo?
5. ¿Cuál fue la actitud hacia el sexo en las familias de sus padres?
6. ¿Cómo influyó esa actitud en la atmósfera del hogar en el que se crió?
7. Si está casado, ¿cómo influye esa actitud en su matrimonio y en su familia actualmente?

Los pensamientos de Karlyn

¿Un acto de equilibrio?

He visto las tres películas de Austin Power.

Ese es un hecho del que no estoy orgullosa. Aborrezco a Austin Powers. Durante las tres películas, estaba allí sentada, diciéndome a mí misma: "Esto es ridículo. Esto es absurdo. ¡No tienes por qué estar mirando esto!" Pero sin embargo, continué haciéndolo. ¿Por qué? Era divertido. Era entretenido. Y mis amigos se reían.

Cuando vi la tercera, *Goldmember*, era una sala llena de tipos, tipos cristianos, que cuando aparecía un aviso sugerente en la televisión, todos miraban en otra dirección e ignoraban a las mujeres casi desnudas pavoneándose en la pantalla. Su resolución de ser puros era algo que yo admiraba en ellos, así que no entendí por qué pensaban que esta película era tan graciosa. En mi mente era peor que un anuncio de *Victoria's Secret*: Duraba dos horas, por un lado y tenía todo lo que los anuncios tenían y más aún. Había un exceso de pechos saliéndose de pequeñas camisas, traseros apenas cubiertos agitándose frente a la cámara, sexo informal glorificado en todo lugar e insinuaciones y bromas sexuales absolutamente desagradables que saturaban toda la película. Hace cuarenta años esta película nunca hubiera salido de la mente perversa y sucia que la creó. ¿Por qué entretiene tanto ahora, incluso a cristianos que están luchando por tener la mente pura? Hay una línea fina que divide a ser "puritano" y a ser "puro". Y una línea más fina entre ser "puro" y ser "tolerante". ¿Podría ser que en nuestros intentos bien intencionados de llegar al mundo, hayamos cruzado esa línea más fina sin darnos cuenta?

En la física, un objeto halado en dos direcciones diferentes por fuerzas igualmente fuertes permanecerá justo donde está. Como cristiano, uno tiene al mundo halándolo de un lado y a Dios halándolo del otro. Usted tiene que decidir qué va a hacer con esas dos fuerzas. Si intenta adoptar pedazos de ambas, quedará atascado en la mitad, incapaz de elegir una u otra y no dispuesto a entregarse al control total de nadie.

En mis cortos veinte años sobre la tierra, he aprendido que la vida es un gran acto de equilibrio. Una y otra vez tengo que aprender a equilibrar un extremo con el otro para poder encontrar una solución que funcione. Quiero decir seriamente que nos han enseñado desde la niñez que el equilibrio es importante: El niño que no podía comprometerse volvía a casa con boletines de calificaciones que decían: "¡No juega bien con los demás!" Bueno, tengo una nueva sugerencia para usted, una que probablemente no me haría muy popular con las maestras de la escuela elemental. Tal vez aprender el equilibrio en la vida no signifique necesariamente ceder pareja y justamente. No significa tomar lo que dice Dios y mezclarlo con nuestra cultura para que encontremos una solución que nos haga lucir razonables, que funcione en nuestros círculos sociales con la menor molestia posible, y que no nos haga lucir como que somos fanáticos que gritan. A veces somos los fanáticos que gritan, incluso si no gritamos realmente.

"sino que lo necio del mundo escogió Dios, para avergonzar a los sabios; y lo débil del mundo escogió Dios, para avergonzar a lo fuerte; y lo vil del mundo y lo menospreciado escogió Dios, y lo que no es, para deshacer lo que es, a fin de que nadie se jacte en su presencia" (1 Co. 1:27-29).

Uno podría parecer estúpido si se negara a observar una película socialmente aceptable como las de Austin Powers. La gente probablemente pensaría que usted es algo así como un loco reprimido. Sus amigos podrían burlarse de usted por ser rígido. Pero ¿adivine qué? Eso es lo que sucede cuando trae los mandamientos concentrados de Jesús a un mundo pecaminoso. Duele porque se supone que debe doler: "Si fuerais del mundo, el mundo amaría lo suyo; pero como no sois del mundo, antes yo os elegí del mundo, por eso el mundo os aborrece" (Jn. 15:19). Cuando una decisión duele, eso probablemente signifique que fue la correcta. ¿Conoce el dolor que siente después de haber trabajado muy arduamente, esos músculos que duelen, que gritan, cuando se despierta al día siguiente para hacerle saber qué cambió las cosas? Nos gusta llamar a eso un "buen tipo de dolor". El dolor que recibe de ejercer la ley de Dios es también un "buen tipo de dolor". Si nada duele una vez cada tanto… nada está cambiando. No se está volviendo más fuerte. Tiene que salir y dejar que a veces duela para poder crecer en su entendimiento y amor de Dios.

El equilibrar la vida no se trata de encontrar un medio feliz entre los mandamientos de Dios y nuestra comodidad; se trata de aprender constantemente a dar muerte al yo y a permitir que Él se haga cargo. Mientras uno disminuye, el deseo del yo, el otro, el poder de Jesús en nosotros, aumenta. La entrega es la única manera de encontrar un ímpetu para su vida. Dedicar su vida a no meterse con nadie solo va a hacer que se sienta atascado entre dos mundos.

Entonces, ¿cómo va a ser? ¿Atascado o entregado? En este libro hablaremos sobre cómo parece usar el punto de vista de Dios sobre las relaciones en un mundo al que no le importa el punto de vista de Dios. Va a doler. No va a gustarle todo lo que descubra sobre sí mismo. Pero le prometo que cambiará.

Decida detener el acto de equilibrio. Decida tomar la mano de Dios y deje que Él lo conduzca en esta aventura de retar el poder de nuestra cultura.

ב

La búsqueda de la intimidad

Natán y Carolina querían explorar su relación preparándose para el matrimonio. Habían estado de novios durante casi dos años cuando vinieron a verme y se llevaban de maravillas. Habían pasado mucho tiempo uno junto al otro y habían compartido una amplia gama de experiencias.

Natán y Carolina estaban profundamente enamorados y disfrutaban de todo lo que hacían juntos. Si bien ninguno expresaba alguna preocupación específica de la relación, ambos acordaron que probablemente debían elaborar algunas cosas. Querían que su futuro matrimonio fuera sano, así que el consejo prematrimonial parecía una salida lógica.

Al cabo de los tres meses de nuestra primera reunión, resultó claro que había cosas que valía la pena elaborar. En el transcurso de nuestras cinco sesiones las cosas habían cambiado entre ellos. Comenzaron a sentirse enojados, frustrados uno con el otro y ambos expresaron mucho dolor en la relación. Estos sentimientos eran nuevos para ellos, pero debido a una conversación que tuvimos en nuestra primera sesión juntos, no fueron sorpresa para mí. En esa primera sesión hablamos acerca de su relación sexual, que se había iniciado al poco tiempo de que comenzaran a salir. Luego de que comenté algunas de mis preocupaciones respecto de las relaciones sexuales prematrimoniales, acordaron evitar el sexo y mantenerse célibes durante el curso de nuestras sesiones.

En nuestras primeras sesiones, Natán y Carolina disfrutaron al comparar escalas de temperamento y al conversar sobre sus historias familiares juntos. Cuando, juntos, planificaron un presupuesto hipotético y la llegada de hijos, sin embargo, comenzaron a sentirse menos cómodos. A poco andar, las conversaciones de tarea para el hogar comenzaron a concentrarse en temas emocionales y el proceso se volvió verdaderamente difícil.

Esta creciente tensión fue una sorpresa para ellos. La suya no había sido una relación de noviazgo estándar de cenas y cine durante los fines de semana. Ellos habían hecho todo tipo de cosas juntos. Compraban juntos, cocinaban juntos, viajaban juntos. Dedicaban tiempo a estar con la familia y los amigos del otro. Esta no era una unión de dos extraños, sino que de alguna manera se empezaban a sentir de ese modo.

Una cantidad de los conflictos que surgieron parecían triviales, pero la carga emocional que arrastraban era significativa. En un momento Carolina expresó lo que ambos sentían: "Nunca vi este costado tuyo. Es como si casi no te conociera. Ya no estoy segura de todo esto". Era evidente que esta pareja "íntima" no había sido tan íntima como ellos pensaban.

sexo e intimidad

La necesidad de cercanía emocional y de intimidad es inherente a la naturaleza humana. Todos queremos ser amados por lo que somos, no solo por lo que podamos hacer o dar a alguien. El vínculo sexual funciona como una expresión de esa intimidad, pero nunca puede ser la fuente de la misma. Esta es una distinción que muchas personas omiten realizar.

En nuestra sociedad se nos ha enseñado a rotular el sexo como "íntimo". Las palabras sexo e intimidad se utilizan, de hecho, en forma intercambiable. Esto refleja un muy malentendido de la verdadera naturaleza de la intimidad. También difunde un mito acerca del sexo en las relaciones.

El diccionario define intimidad como "una familiaridad que caracteriza la naturaleza más profunda de uno, una asociación estrecha marcada por una amistad cálida que se desarrolla a través de una prolongada asociación". La intimidad es conocer y ser conocido, profundamente. Implica construir confianza, junto con compartir experiencias e información personal. Eso lleva mucho tiempo y esfuerzo. La relación sexual de una pareja antes del matrimonio puede crear fácilmente lo que yo denomino "intimidad artificial". La intimidad artificial describe la sensación de cercanía que es inherente en la excitación sexual mutua. El cuerpo de cada uno de nosotros se siente bien al estar cerca de otro cuerpo. Con frecuencia equiparamos ese sentimiento agradable con confianza y apertura. Sin embargo, esa sensación es engañosa porque puede sentirse vulnerable, emocionalmente abierto y confiado cuando no es para nada así. Piense en ello un instante. Las relaciones sexuales pueden producirse sin ninguna confianza, vulnerabilidad emocional o historia compartida. Dos personas pueden tener sexo sin conocer el nombre de cada uno. Si el sexo fuera verdadero y necesariamente íntimo, la prostitución no podría existir. No obstante es físicamente posible tener una relación sexual con un perfecto extraño y aún así tener ese falso sentido de intimidad. Una pareja puede sentirse cerca cuando no lo están para nada. Su intimidad es artificial, no real.

¿el que soluciona los problemas de todo tipo?

El sexo puede incluso usarse para evitar la intimidad. Las parejas lo hacen todo el tiempo, la mayor parte sin saberlo. Así es como funciona. Cuando las necesidades emocionales no se ven satisfechas o cuando existe algún problema, aparecen la tensión y el conflicto. La tensión puede derivar de un desacuerdo o de una diferencia de perspectiva, valores o estado de ánimo. Él, por ejemplo, puede pasarse la vida sobreviviendo entre un día de cobro y el otro, mientras que ella, desde temprana edad, aprendió a guardar dinero y a presupuestar. O tal vez ella piensa que él pasa demasiado tiempo con sus padres, lo que no tiene ningún sentido para él; después de todo él estuvo por su cuenta a los dieciséis años. Cualquiera sea la fuente del conflicto, casi siempre significa que algo debe ser hablado. El conflicto puede ser una señal de vida y salud en una relación, pero cuando el conflicto no se resuelve, se convierte en una barrera a la cercanía. Cuando se ignora, oculta o niega el conflicto, la relación está en peligro. Las parejas sexualmente activas con frecuencia usan la sensación de intimidad para negar la existencia de un conflicto. Una pareja puede irse a la cama, sentirse genial uno con el otro y nunca resolver el tema real. Los problemas no se resuelven, simplemente se los entierra debajo de la intimidad artificial.

Este patrón puede continuar durante mucho tiempo. La fuente del conflicto permanece oculta con frecuencia, de hecho, hasta que la tensión no resuelta se convierte en resentimiento. Con frecuencia, la mujer siente primero el resentimiento. A medida que crece el resentimiento, la relación sexual ya no se siente como algo íntimo porque las barreras emocionales son muy altas. Esto sucede habitualmente después de que una pareja ha estado casada durante un tiempo. Entonces la respuesta es generalmente una de desesperanza. Él o ella pueden decir cosas como: "Todo el amor se ha ido de nuestro matrimonio; no queda nada". El asunto no es que algo se haya ido de la relación, sino que algo se incorporó: Un patrón de escape y negación basado en sentimientos sexuales de excitación en lugar de basarse en la comunicación sana.

Las profundidades de la intimidad

Tomemos la definición del diccionario del término intimidad a un nivel más práctico. La intimidad genuina es una relación de apertura mutua y sincera y de aceptación. Esta definición puede darnos un panorama más claro de cómo es la intimidad.

En una relación íntima, yo estoy dispuesto a compartir información sobre mí mismo que podría ser utilizada para herirme. Experimento la aceptación de la otra persona, a pesar de mi vulnerabilidad y también doy esa aceptación.

Podemos pensar en la intimidad en términos de cinco niveles o profundidades de vulnerabilidad. Estos pueden reconocerse por los temas de conversación que estoy dispuesto a hablar. En cada nivel me vuelvo más abierto al rechazo y al dolor emocional en la relación.

Nivel 1: "Informes" superficiales

"Por cierto es un lindo día".

"Anoche ganaron los *Lakers*".

"Esa puesta de sol fue realmente maravillosa".

Estas enunciaciones son ejemplos de interacción superficial. No hay nada inherentemente malo en ellas, pero no le dicen casi nada de quien las pronuncia. Cuando una relación consta básicamente de este nivel de vulnerabilidad, no la consideraríamos profunda.

Nivel 2: Perspectivas y creencias de terceros

"Ayer el presidente dijo..."

"Mi pastor cree..."

"Mi tío siempre solía decir..."

En estas frases, estoy eligiendo una fuente para citar. Por lo tanto, estoy comenzando a compartir parte de mí mismo por asociación. Sin embargo, no estoy directamente compartiendo nada de mí y entonces puedo sentirme seguro de las críticas o el rechazo. Después de todo, yo no lo dije, mi pastor lo hizo. El nivel 2 implica más vulnerabilidad que el nivel 1, pero no mucha.

Nivel 3: Mis propias percepciones y creencias

"Creo que todo cristiano debe servir en el ejército".

"No creo que un padre o una madre deban pegarle jamás a sus hijos".

"Creo que está mal tener deudas".

Ahora le estoy contando lo que pienso acerca de las cosas. Aquí comienzo a compartir directamente una parte de mí. Le estoy dando información intelectual. Si percibo su rechazo o me siento demasiado vulnerable, puedo cambiar de opinión y ponerme a salvo. Aún puedo evitar el conflicto y el dolor emocional con bastante facilidad en este nivel simplemente cambiando mi parecer o al menos diciéndole a la otra persona que lo he cambiado.

Nivel 4: Mi historia personal

"Mi mayor logro fue un viaje en bicicleta por el estado".

"Todas las novias que tuve me dejaron".

"Cuando tenía dieciséis años, me hice un aborto".

Ahora estoy comenzando a compartir íntimamente. Le estoy contando cosas que he hecho y opciones que he tomado, experiencias de las que estoy orgulloso y avergonzado. Cuando le doy a conocer mi historia a usted, me vuelvo vulnerable porque no puedo cambiar mi pasado. Si usted va a rechazarme sobre la base de mis antecedentes, no puedo retractarme ni simular que no es así. Si me rechaza aquí, mi única seguridad estará en convencerlo a usted o a mí mismo de que mi pasado no me afecta actualmente.

Nivel 5: Mis sentimientos y reacciones emocionales

"Estoy dolido por lo que dijiste".

"Estoy enojada por lo que sucedió".

"Me siento importante y cerca de ti".

Este nivel de vulnerabilidad es donde reside la intimidad genuina. Mis reacciones emocionales no cambian con rapidez. Así que si estoy dolido por algo hoy día, probablemente me sienta herido por eso mañana. Si le confío mis sentimientos y usted me rechaza sobre esa base, no tengo opción de escape como en los pasos 1 al 4. Simplemente debo sentir el dolor. También es cierto que cuando le digo sentimientos vulnerables, usted tiene la opción de usarlos en mi contra más adelante. Eso será aún más doloroso que expresarlos inicialmente. Así, estoy confiando algo preciado y frágil.

Para muchos, el concepto de los niveles de vulnerabilidad es difícil de comprender. Especialmente para los hombres que, por lo menos en nuestra cultura, no se les ha enseñado a prestar mucha atención a las emociones. Piénselo de este modo. Digamos que usted y yo estamos sentados cómodamente, teniendo una conversación agradable. Mientras hablamos, yo le digo: "Creo que es una de las personas más inteligentes que conozco". Piense por un instante acerca del sentimiento que genera dentro de usted ahora. Probablemente sea un sentimiento positivo. Tal vez sienta orgullo, confianza o gratitud. Tal vez se sienta cerca de mí en ese momento. En términos de nuestros niveles de intimidad, estoy compartiendo en un nivel 3: Un poco vulnerable, no demasiado profundo, pero es un sentimiento agradable para ambos. Ahora permítame agregar una frase de sentimiento de nivel 5 y preste atención a cómo se ven afectados sus sentimientos. "Creo que es una de las personas más inteligentes que conozco y me avergüenzo de estar a tu lado". ¿Advierte algún cambio dentro de sí? Las posibilidades son que no se sienta igual como lo hizo antes cuando di a conocer mis sentimientos. Intentemos con otra. "Creo que era una de las personas más inteligentes que conozco y me siento humillado porque te guste". ¿Algún cambio de sentimiento aquí? ¿Y qué sucede con esta? "Creo que era una de las personas más inteligentes que conozco y estoy orgulloso de conocerte".

En cada uno de los casos, sus propios sentimientos se ven afectados al yo expresar los míos. Cómo reaccione ante mí será un resultado de sus propias emociones. Puesto que no tengo control sobre su respuesta emocional, puedo sentirme ansioso compartiendo a este nivel. Si evito esa ansiedad no dando a conocer mis emociones, nuestra relación no se profundiza.

Teniendo estos patrones presentes, volvamos a Natán y Carolina. A partir de nuestra primera sesión advertí un patrón muy común en su comunicación. En una discusión, Carolina hablaba libremente sobre sus sentimientos y reacciones ante situaciones, con frecuencia relacionándolos con su niñez (niveles 4 y 5). Natán respondía en estas conversaciones refiriéndose a libros que había leído o a cosas que había oído (nivel 2). Pocas veces, si lo hizo alguna vez, él le dio a conocer sus respuestas personales y emocionales.

Ninguno de los dos podía ver este desequilibrio en su relación. Quedaba claro que Carolina había invertido emocionalmente mucho más en la relación y que compartía con mayor profundidad y vulnerabilidad. Natán mantenía una distancia emocional arriesgando muy poco de sí. Puesto que se sentían "íntimos", ambos estaban absortos por el peligroso encanto emocional que existía entre ellos.

Para ayudar a Natán y a Carolina a comprender el concepto de intimidad artificial, les di el siguiente ejemplo. La relación de una pareja antes de casarse puede compararse con un tubo de vapor que contiene y transporta presión. El tubo tiene varias grietas pequeñas que son invisibles a los ojos. En el extremo del tubo hay una válvula de escape que puede abrirse o cerrarse. Mientras la válvula está abierta, la presión se libera y las grietas nunca emiten vapor; nunca se las descubre ni repara. Finalmente corroen y destruyen el tubo. Solo cuando la válvula permanece cerrada de modo tal que se pueda generar presión pueden descubrirse y repararse las grietas.

Todas las parejas tienen puntos débiles o grietas en sus patrones de comunicación: Diferentes puntos de vista, sesgos, sensibilidades, diferencias familiares, expectativa de papeles. Ya que la comunicación es el área de la verdadera intimidad, es importante descubrir estas grietas. Pero si una pareja está abriendo la válvula de escape del sexo, no hay oportunidad de que se produzca la presión normal. Muchos defectos en la comunicación no se hacen evidentes hasta que son graves. Y para muchas parejas, eso es demasiado tarde.

Lo que Natán y Carolina llegaron a comprender es esto: Al continuar con su relación sexual, estaban dejando la válvula abierta. Siempre que liberaran presión de este modo, no podían lograr sus objetivos prematrimoniales. Necesitaban cerrar la válvula para evaluar realistamente sus patrones de comunicación. Al dejar de liberar presión emocional sexualmente, comenzaron a experimentar irritaciones y reacciones que no habían sido evidentes. Las grietas emitían algo de vapor y comenzaron a descubrir en qué tenían que trabajar en preparación para el matrimonio.

Natán y Carolina descubrieron un poderoso beneficio secundario. Puesto que habían encontrado formas nuevas de tratar sus sentimientos sexuales, aprendieron a ser creativos para expresar su afecto. Notas escritas, regalos pequeños, pero significativos, secretos compartidos (tanto positivos como negativos) en conversaciones serias, todas se convirtieron en nuevas formas de expresar afecto uno hacia el otro. Natán y Carolina aprendieron muchas lecciones en el arte del romance que pagarían abundantes dividendos en su futuro matrimonio.

Si hubieran dejado abierta la válvula sexual, la consejería prematrimonial hubiera sido una pérdida de tiempo y dinero y se verían enfrentados a posibles problemas matrimoniales más adelante. Afortunadamente, Natán y Carolina comprendieron la gravedad de su situación y estuvieron dispuestos a hacer lo que fuera necesario para prepararse para el matrimonio. Algunos de los pasos que les sugerí se tratarán en un próximo capítulo sobre fijar normas en el noviazgo y el cortejo.

Acercándonos

1. ¿Cuál es su definición de intimidad? ¿Difiere de la definición de este capítulo?
2. ¿Hay algo en usted, un temor, un defecto o alguna herida profunda de su pasado, que no está dispuesto a compartir con otra persona? Escriba las características de una relación en la que se sentiría seguro dando a conocer este hecho a otra persona. Sea lo más específico que pueda. ¿Qué le dice esta lista de características acerca de su concepto de intimidad?
3. Piense en la persona que usted denominaría su mejor amigo, o, si está casado, piense en su cónyuge. ¿Diría usted que tiene una relación emocional íntima con él o con ella? ¿Qué conductas está utilizando para definir la intimidad en esa relación?
4. Piense en un amigo con el cual no es emocionalmente íntimo. ¿Cuáles son las diferencias entre esa relación y la mencionada en el punto 2?

Para los que están casados

Primero, como personas y sin dar a conocer sus respuestas a su pareja, escriba sus respuestas a las siguientes frases tan sincera y completamente como pueda.

1. Trace un círculo con su opinión en la columna adecuada:

1	2	3	4	5
total	leve	no desacuerdo	poco	totalmente
desacuerdo	desacuerdo		desacuerdo	de acuerdo

Esposo   **Esposa**

1 2 3 4 5   Nuestra relación es tan emocionalmente   1 2 3 4 5
            íntima como quiero que sea.

1 2 3 4 5   Doy a conocer abiertamente mis   1 2 3 4 5
            pensamientos y sentimientos sin reservas.

1 2 3 4 5   Mi cónyuge expresa abiertamente lo que   1 2 3 4 5
            piensa y siente sin reservas.

1 2 3 4 5   Durante el noviazgo éramos más íntimos   1 2 3 4 5
            emocionalmente de lo que lo somos ahora.

2. Ahora vuelva y trate de predecir lo que cree que serán las respuestas de su cónyuge. Use la otra columna para estas respuestas.

3. Trace un círculo en la respuesta adecuada:

   Cuando empiezo a sentirme emocionalmente vulnerable, mi reacción es. . .

   • abrirme y dar a   • ponerme irritable
     conocer mis miedos   y enojarme

   • replegarme en silencio   • decir una broma

   • cambiar de tema   • actuar como si no
                                          tuviera
                                          importancia

   • hacer insinuaciones sexuales

4. De la lista anterior, la respuesta de mi pareja a la vulnerabilidad emocional por lo general es _____.

5. Una cosa que podría hacer para profundizar la intimidad emocional en mi matrimonio es _____.

6. Una cosa que pienso que mi pareja podría hacer para profundizar nuestra intimidad emocional es _____
_____.

Ahora bien, destinen una hora o dos como pareja y consideren sus respuestas individuales.

Los pensamientos de Karlyn

Yo soy débil... pero él es fuerte

Soy normal.

Muy bien, entonces la mayor parte de las personas que me conocen no estarían de acuerdo con esa afirmación, pero puedo explicarlo. Soy "normal" porque tengo cicatrices emocionales como las tiene todo el mundo. Oculto partes de mí misma de los demás al igual que lo hace usted. Tengo miedo de ser rechazada tanto como la persona que está a mi lado.

Todos cargan con el dolor de ser rechazados en algún momento; la mayoría de nosotros hemos sido rechazados muchas veces. Desde el momento en que estaba en los primeros años de la escuela secundaria, las personas han rebuscado para encontrar cosas en nosotros que fueran desagradables y hemos aprendido a ocultar esas cosas en lo profundo de nuestro ser. Después de todo, ¿quién disfruta de ser rechazado? Es un impulso humano normal protegernos del dolor. Si toca algo caliente, de inmediato retira su mano. Si su corazón se quiebra porque a alguien no le gustó una parte de su carácter, uno retira esa parte del ojo del público. Es la forma natural de manejar un "dolor de corazón". Lamentablemente, ese reflejo obra en su contra.

Las heridas por rechazos del pasado se desarrollan en un miedo al rechazo del futuro. Deriva en la suposición de que si alguien lo ve en un momento desagradable, él o ella no querrán nada que ver con usted. A mí, por ejemplo, no me gustan las personas que saben que puedo perder el control fácilmente, así que intento disfrazar esos sentimientos cuando estoy dentro de un grupo. Trato de ocultar mi defecto como sea posible. Sinceramente he trabajado en cambiar esta parte de mi carácter, así que estoy mejor de lo que solía estar, pero nunca seré una seguidora silenciosa. A veces la descontrolada dentro de mí salta afuera y ataca a algún amigo que no lo esperaba. Cuando transcurre el momento, me quedo ruborizada de vergüenza mientras me disculpo por este lado feo de mi personalidad. Durante las siguientes semanas trato de tener el mejor de los comportamientos con esa persona, intentando convencerla de que lo que sucedió no provenía realmente de mí.

Sé que sabe de qué estoy hablando: Todos tenemos partes feas de nosotros mismos que ocultamos para evitar un doloroso rechazo. Pero también sabemos que no es posible ocultar esas partes para siempre, especialmente cuando estamos mucho con alguien. Cuanto más cómodo se siente uno con una persona, más bajará la guardia y eso significa que más del verdadero yo va a escaparse de vez en cuando. Cuando eso sucede y la persona se aleja de usted, no se sorprende. Solo se recluye, lame sus heridas, se reta por haberlo dejado escapar de nuevo y sigue adelante con la vida. Pero cuando la gente lo sigue aceptando luego de haber expuesto la parte fea, eso afecta. Llevará tiempo antes de que comprenda que realmente no lo rechazarán. Gradualmente, se siente seguro y deseará revelarles más de su verdadero yo. Eso es ser íntimo. Dar a conocer las partes ocultas de su corazón es verdadera intimidad.

Creo que es justo decir que la mayoría de las piezas no deseables que mantenemos ocultas son nuestras debilidades. ¿Quién de nosotros quiere mostrarle a alguien más lo que nos hace trastabillar? Las debilidades no son geniales. No solo eso, sino que revelar las debilidades nos hace sentir más vulnerables que revelar partes de nuestro carácter que no nos gustan. Para darles un ejemplo personal, le diré que lucho contra la lujuria. En mi vida, esta es una debilidad que puede iniciarse por una escena de una película, una broma sugerente en una noche en que estoy cansada o incluso una pequeña concesión en los límites físicos con mi novio. No me gusta que la gente vea cuán débil soy en esta área. Especialmente porque soy una muchacha. Se supone que las muchachas deben ser las puras, ¿no es cierto? Cuando era más chica, antes de descubrir que mis amigas cercanas luchaban contra exactamente lo mismo, realmente pensaba que estaba un poco loca. Después de todo, muchas personas tienen características que no les gustan, como reclamar el control, pero parece vergonzoso que una muchacha tenga un momento difícil manteniendo sus pensamientos puros o luchando contra la masturbación o las fantasías. Y para los muchachos también; no poder superar algo como la lujuria puede ser lo bastante vergonzoso como para sentir vergüenza y querer ocultarlo. Además, la debilidad de la lujuria no es algo que la persona simplemente pueda sacarse de encima. No puedo simplemente sacudirlo de mí y superarlo. Las debilidades son como las manchas de sangre: Nunca salen del todo.

¿Cuántas personas conocen sus debilidades? ¿Qué tendría que hacer para poder confiar en alguien con las partes más profundas, oscuras y secretas de su corazón? A todos nosotros nos lleva mucho tiempo y un intenso nivel de confianza. Uno lo arriesga todo cuando deja entrar a alguien en su corazón. Bueno, le contaré un pequeño secreto: Eso es lo que significa ser verdaderamente íntimo. ¿Quiere intimidad con su pareja? No se la puede encontrar en excitarse uno al otro ni en poder excitarse sexualmente. ¡Cualquiera podría ser excitante! La verdadera intimidad es cuando usted se quita su coraza externa, él "usted" que todo el mundo puede ver y revela la realidad que existe debajo de usted. Lo deja vulnerable. Abrirse emocionalmente a otra persona requiere una confianza increíble en que él o ella aceptará lo que le está dando. La potencialidad para sentir dolor está presente, pero sin ese riesgo, nunca encontrará la intimidad que busca.

Por otra parte, hay una "intimidad" que puede crearse en menos de una hora: La versión barata, fácil y que se puede colocar en el microondas que vemos en la televisión. No hay problemas, no hay apuro, no hay reembolso, se llama intimidad falsa. La excitación sexual hará que ustedes dos se sientan muy cerca. Podría incluso estar convencido de que se ganó este juego del amor. Pero ¿adivine qué? Acaba de perder. Intentar crear intimidad usando el sexo es como robarse la medalla de oro sin correr la carrera. Usted no se la ganó, no es suya y finalmente pagará por ella. Le irá mucho mejor a largo plazo si solo hace el trabajo arduo, vierte su propio sudor y sangre y realmente gana esa medalla. Lo real lleva un trabajo duro, pero cada onza de esfuerzo valdrá la pena. Tenga esto presente: Lo que coloque en la relación es lo que obtendrá de ella.

Nadie entra a una relación romántica con la esperanza de que terminará pronto. ¡La idea es mantenerla viva! Así que, ¿por qué haría cosas deliberadamente para sabotear la salud de esa relación? El hecho es que, mantener una relación sana es un trabajo duro y no siempre divertido, especialmente cuando se trata de mantenerse físicamente puro. No siempre queremos enfrentar el esfuerzo que conlleva negarnos a nosotros mismos y hacer lo que no se siente bien mientras apuntamos a una meta invisible. Pero nada que valga la pena tener llega sin una lucha. Es esencial comprender las cosas que son fatales para una relación en desarrollo y asegurarse de que no amenacen la suya. Para mantener a raya su intimidad física, a continuación figuran algunas preguntas que deberá responder con sinceridad:

1. ¿Cuáles son las debilidades de mi pareja?
2. ¿Cómo afectan mis actos esas debilidades ahora mismo? ¿Cómo puedo cambiar mis acciones para afectar de forma diferente esas debilidades?
3. ¿Qué hago para tentar a mi pareja a ceder ante esas debilidades?
4. ¿Qué puedo hacer para ayudar a mi pareja a evitar enfrentamientos con esas debilidades?

¿Cómo respondería su pareja a estas preguntas acerca de usted?

Están en esto como un equipo, después de todo. Este "amor protector" tiene la intención de fluir en ambas direcciones. Para que le sirvan estas preguntas, debe estar dispuesto a enfrentar las opciones duras e incómodas con su otro significativo. No es divertido, lo sé, no siempre espero ansiosa este tipo de conversaciones. Las decisiones que le quitan su gratificación inmediata son difíciles de seguir. Pero si quiere una relación que lo refuerce como persona así como también como pareja, debe estar resuelto a proteger, no a seducir, a su compañero o compañera. Es una lucha, pero como equipo unificado, con Dios como su entrenador, alcanzará esa meta invisible. No se dé por vencido: La recompensa es mayor que el riesgo.

3

confusión respecto a la convivencia

—¡Tú no eras así antes de casarnos! —el rostro bañado en lágrimas de Sandra estaba rojo de ira—. Me mentiste durante tres años... todo el tiempo que vivimos juntos.

—Mira quién habla —la actitud de Pablo no podía ocultar el dolor emocional y el enojo que estaba por debajo de la superficie—. Todo el amor que me demostraste terminó el día de nuestra boda. ¡Nunca debí haberme casado contigo!

Una relación que comenzó con un deseo sincero de amor mutuo y compromiso se había vuelto una burla de lo que podría y debería ser un vínculo matrimonial. Después de tres años de vivir juntos antes de casarse o de convivir, y dos años de matrimonio tumultuoso, tanto Pablo como Sandra estaban confundidos y dolidos. Cada uno sentía que había sido engañado y traicionado por el otro. Ninguno comprendía cómo había podido suceder algo como esto.

Superficialmente, la convivencia parece lógica. Pocos de nosotros compraríamos un automóvil sin probarlo primero. Muchas de nuestras compras importantes, de hecho, vienen con un período de prueba y devolución del dinero. Parecería que tuviera sentido experimentar y probar una relación antes de dar el paso que cambia la vida que es el matrimonio. Lamentablemente, la convivencia, por su propia naturaleza, no puede servir a ese propósito. Como terapeuta de familia, veo casi a diario el efecto de la convivencia en los matrimonios. Sin embargo, pocas personas comprenden el proceso por el cual un abordaje al parecer racional para la preparación del matrimonio se convierte en una traición de la intimidad creciente y de la confianza del noviazgo.

¿Normal?

Estadísticamente, Pablo y Sandra encajan en la norma. A la luz de la "lógica" de probar la relación matrimonial, parece extraño que estudio tras estudio reflejen los efectos devastadores de la convivencia en las relaciones.

- Las tasas de divorcio para las parejas casadas que convivieron son mucho mayor que para las parejas que no vivieron juntos antes de la boda.[1]
- Un estudio de 3.300 parejas encontró que las parejas que convivían tenían una tasa de divorcio cuarenta y seis por ciento más alta que las que no convivían.[2]
- Un estudio realizado por las universidades de Yale y de Columbia halló que las tasas de divorcio en las parejas que cohabitaban eran casi un ochenta por ciento más elevadas que para las parejas que no convivían.[3]
- El hecho de convivir se asocia con una mayor inestabilidad matrimonial, menor satisfacción matrimonial y una peor comunicación en el matrimonio.[4]
- Las parejas que conviven informan de maltrato físico tres veces más que las parejas casadas.[5]
- Las mujeres que conviven tienen cuatro veces más probabilidades de ser maltratadas violentamente.[6]
- Las parejas que conviven informan niveles más altos de problemas de alcoholismo que entre las personas casadas.[7]
- Los índices de depresión entre las parejas que conviven son tres veces más altos que los de las personas casadas.[8]

- Los niños de hogares de cohabitación tienen más probabilidades de tener problemas emocionales o de conducta, les va mal académicamente y viven en la pobreza.[9]

- Un estudio descubrió que los niños de padres biológicos no casados que cohabitan tienen veinte veces más probabilidades de ser maltratados que los hijos de padres casados. Cuando una madre vive con un novio que no es el padre biológico, los niños tienen treinta y tres más probabilidades de ser maltratados.[10]

- Otro estudio concluyó que "la evidencia sugiere que el más inseguro de todos los ambientes para los niños es en el que la madre está viviendo con alguien que no sea el padre biológico del niño".[11]

Tenga en cuenta también que solo el treinta al cuarenta por ciento de las parejas que conviven finalmente se casan y que la mayor parte de los períodos de cohabitación duran menos de dos años.[12] Puesto que la mayoría de las parejas que viven juntos deciden no casarse, parecería que las que sí se casan tendrían relaciones más sanas y más felices. Sin embargo, estudio tras estudio indica que solo lo opuesto es cierto. Los cohabitantes que se casan informan desacuerdos más frecuentes, más peleas, más violencia y niveles menores de justicia y felicidad con sus relaciones en comparación con las parejas casadas que no convivieron antes.[13] Un estudio de más de 13.000 adultos demostró que, en comparación con las parejas casadas que no habían convivido, las parejas que sí lo habían hecho antes de casarse informaron un mayor conflicto matrimonial y una comunicación más pobre así como también un menor compromiso con el matrimonio. Estas parejas tenían una probabilidad significativamente más alta de divorciarse. De hecho, la cohabitación más prolongada estaba asociada con una mayor probabilidad de divorcio.[14]

La evidencia estadística es abrumadora. Ninguna estadística describe la convivencia con una luz positiva. A pesar de esto, la cantidad de parejas que deciden convivir antes del matrimonio crece año tras año. Durante la década de 1980, la cantidad de parejas que convivían en Estados Unidos pasó a un ochenta por ciento en 2.900.000. Y, según la Oficina de Censos de Estados Unidos, entre 1990 y 2000 la cantidad de parejas que convivían aumentó otro sesenta y seis por ciento.[15] En un estudio de estudiantes secundarios de los últimos años, el sesenta por ciento estuvo de acuerdo con esta frase: "Es generalmente una buena idea que una pareja conviva antes de casarse para poder descubrir si se llevan bien".[16] Con tantas indicaciones negativas respecto de la convivencia prematrimonial, ¿por qué la cohabitación se está volviendo tan popular y ampliamente aceptada en nuestra cultura? Porque con relación a la mayoría de los principios de las relaciones, lo que nuestra cultura y los medios de comunicación presentan como "la norma" está a ciento ochenta grados de ser "sana". En otras palabras, nuestra sociedad ve las cosas al revés.

Hoy día mucha gente no puede evaluar una relación más allá de lo superficial. La suposición común parece ser que si dos personas disfrutan de vivir juntas, la relación debe ser buena. Este enfoque simplista conduce a mucho dolor y confusión cuando las relaciones no funcionan. Muy poco en nuestra cultura o en la literatura popular nos ayuda a comprender la naturaleza de la intimidad genuina. En el capítulo 2, Natán y Carolina eran un ejemplo típico de esta falta de entendimiento. Independientemente de los motivos para este vacío de información, todos nosotros debemos comprender cómo funcionan las relaciones sanas. Este capítulo ilumina y aclara la confusión.

Recuerde, el ingrediente clave que diferencia la convivencia del matrimonio es la "puerta trasera": La opción de irse sin muchas consecuencias complicadas. La lógica es algo así: "Si las cosas no funcionan, podemos acumularlo en la experiencia y seguir adelante. Por lo menos habremos aprendido algo sobre nosotros y el matrimonio". Esto suena bien en teoría, pero no funciona de ese modo en la vida real. El elemento de un compromiso para toda la vida es mucho más que un detalle trivial; afecta toda interacción, toda expectativa y toda respuesta que tengan dos individuos entre sí. No comprender este punto es tender los cimientos para el desastre en una relación.

Dobles mensajes

La comunicación es más que un intercambio de palabras. Nos comunicamos en muchos niveles, con frecuencia sin siquiera ser concientes de ello. Nuestro tono de voz puede comunicar un mensaje con mayor poder que las palabras que elijamos. También nos comunicamos mucho más intensa y claramente con nuestro comportamiento de lo que lo hacemos verbalmente. Se ha calculado que los mensajes no verbales son cinco veces más poderosos que la palabra hablada. Esto significa que si mis palabras dicen una cosa y mi conducta dice otra, uno tenderá a creer en mi comportamiento aunque no quiera hacerlo. El viejo dicho "las acciones hablan más fuerte que las palabras" es muy cierto.

Cuando se comunican dos mensajes opuestos acerca de la misma situación al mismo tiempo, lo denominamos un "doble mensaje". El doble mensaje clásico es un padre que le dice a su hijo adolescente: "Quiero que seas independiente, así que haz como yo te digo" o "Te lo he dicho un millón de veces, nunca exageres".

Las parejas que cohabitan comunican mensajes dobles no verbales cada día. Pablo y Sandra son un buen ejemplo de esto. Estaban enamorados y querían estar juntos constantemente. Sentían como si estuvieran listos para casarse, pero cada uno había sido sorprendido y herido en relaciones anteriores que se terminaron. Puesto que ambos provenían de hogares destruidos, se oponían fuertemente al divorcio. Para ellos, la solución más lógica parecía ser: "Vivamos juntos para ver qué sucede". ¿Qué podría ser más razonable? Así que durante tres años completos hicieron simplemente eso.

Al mudarse juntos, Pablo y Sandra se estaban comunicando un mensaje. Ese mensaje era: "Deseo tener intimidad contigo. Quiero llegar a conocerte a cabalidad. Quiero ser uno contigo, solo viviendo juntos podré confiar en ti y estar cerca de ti". Imagíneselos con los brazos abiertos, acercándose uno al otro.

Pero también hay un segundo mensaje. Lo transmite uno de ellos o ambos: Que no quiere comprometerse a casarse. Este mensaje dice: "No te acerques demasiado. Hay un límite. No quiero estar tan cerca que no pueda escapar si me hieres. Realmente no confío en ti". La imagen aquí es la de Pablo y Sandra, con los brazos abiertos, lentamente alejándose.

Puede que Sandra y Pablo no fueran conscientes de los mensajes conflictivos que se estaban comunicando, pero los mensajes eran fuertes y claros.

punto muerto

El resultado de un doble mensaje en una relación es una falta de confianza sutil, pero inherente. Lo que es real y lo que no lo es se confunden. Lo que se dice y lo que se cree se vuelven dos cosas diferentes. La falta de confianza y la duda se integran en el propio corazón y núcleo de la relación.

Después de casadas, las parejas que cohabitaron antes se sorprenden al descubrir cuan poco satisfechos están por lo que se han convertido de repente. Sienten una intranquilidad que no estaba antes allí y es una experiencia confusa. ¿Qué le sucedió a esta relación lógica y bien planificada?

Lo que sucedió fue esto: La boda cerró la "puerta trasera", esa opción de abandonar la relación si se torna difícil o dolorosa. Sin esta opción, su relación cómoda comienza a cerrarse a su alrededor como un cuarto con paredes que se acercan: Exactamente lo que intentaban evitar. De repente sus peores temores se vuelven realidad. "¿En qué me he metido?" Puesto que la falta de confianza y la inseguridad se implantaron hace mucho en la relación, la caída libre hacia el desastre no está muy lejos.

En un matrimonio sano, el compromiso está en el corazón de la relación, independientemente del flujo y reflujo de las emociones. Para las parejas que cohabitan que finalmente se casan, se agrega el compromiso como un toque final.

más sorpresas

La teoría de un matrimonio de prueba no se mantiene por otro motivo. Cuando una pareja convive sin el compromiso del matrimonio, las pequeñas irritaciones de la vida cotidiana no son gran cosa:

* Él no saca la basura, pero ¿y qué? Si te cansas de eso, puedes irte, ¿no? No hay razón para hacer un lío.
* Ella no lava los platos todos los días. No es gran cosa. Puesto que uno está probando esto, uno se concentra en los problemas "reales". Además, si uno puede dejarlo pasar e ir a la cama, todo estará bien por la mañana.

Y así sucede en cientos de situaciones, de la mayor parte de las cuales las personas no son concientes. Luego sucede. Se cierra la puerta trasera con una licencia matrimonial. El efecto de esas pequeñas irritaciones cambia. Ahora cada uno parece estar estableciendo un precedente para toda la vida. La respuesta emocional es: "Va a ser así siempre. Tiene que cambiar, ahora". Esas pequeñas irritaciones que previamente "pasaban desapercibidas" son cosas que traen conflictos y es una sorpresa para ambos ya que a ninguno parecía importarle antes.

Los hábitos y las idiosincrasias personales son los temas estándar de los matrimonios. Hasta cierto grado todos los cónyuges deben adaptarse y ajustarse, negociar y ceder en temas como estos. Mientras que la meta de la cohabitación era tratar con estos temas por adelantado, pocas veces sucede sobre cualquier nivel significativo.

La pareja que convive y se casa lo hace porque se sienten seguros de que se conocen bien y que habrá pocas sorpresas esperándolos más allá del altar. Cuando la pareja comienza a enfrentar esas irritaciones, el efecto emocional puede ser devastador. En un matrimonio sano la respuesta emocional sería: "Eso me molesta". Pero en esta situación la respuesta es: "Tú me mentiste". Una irritación matrimonial normal se convierte en una experiencia de traición. Los cónyuges se sienten engañados y atrapados, hasta el punto de la desesperación.

Esos sentimientos de traición amplifican inevitablemente la experiencia. Los conflictos se intensifican rápidamente y con frecuencia explosivamente. Lo que alguna vez fue confianza ahora se siente como una trampa. La pareja se convierte en adversarios, la cooperación se torna competencia, la vulnerabilidad se convierte en protección propia.

¿Qué sucedió con el matrimonio de prueba? El hecho es que, no hay tal cosa. Intentar experimentar el matrimonio sin un compromiso de por vida es como ir a una pastelería a comprar sus comidas. Uno puede llenarse el estómago y convencerse de que se ha nutrido, pero finalmente morirá de desnutrición con su estómago lleno.

y además...

Más allá de esta dinámica de las relaciones, varios otros factores afectan a la pareja que cohabita. Los estudios indican que, en comparación con otras parejas, los que han cohabitado antes de casarse tienen una cantidad de características no conducentes a relaciones a largo plazo:

- Tanto hombres como mujeres demuestran un compromiso menor a la fidelidad matrimonial. Se descubrió que antes de la boda, la incidencia de la infidelidad era el doble de frecuente para los que cohabitaban y después del matrimonio, la incidencia del adulterio aumentaba en un treinta y nueve por ciento para quienes cohabitaron.[17] El compromiso y la fidelidad son víctimas de la cohabitación.
- Si bien los cohabitantes tienen relaciones sexuales con tanta frecuencia como las parejas casadas, es menos probable decir que las disfrutan.[18] La "libertad" de la cohabitación no deriva en satisfacción sexual.
- Un estudio de Harvard halló que las parejas que cohabitan tienen niveles menores de satisfacción sexual y exclusividad sexual así como también una menor satisfacción con la relación matrimonial en general. El estudio también descubrió que las parejas que cohabitan tienen más dificultades también en otras relaciones, especialmente con sus padres y miembros de su familia.[19] El sistema de apoyo tan valioso en el matrimonio suele ser más débil para las parejas que han cohabitado.

- Se descubre que las parejas que cohabitan tienen menor tolerancia a la infelicidad en una relación y eligen abandonar la relación en lugar de elaborar las diferencias.[20]

Dos personas que viven juntas fácilmente racionalizan, minimizan o niegan estos hechos. Con frecuencia el deseo por la relación distorsiona la realidad. Cuando la relación se deteriora, la pareja por lo general no es conciente de cómo se saboteó la intimidad antes de tener la oportunidad de desarrollarse. La perspectiva de un matrimonio sano después de convivir no es buena.

¿Es demasiado tarde?

Hay esperanzas para la pareja casada que inició su unión conviviendo y ahora experimenta desilusión. Pero los hábitos y los patrones sutiles de las relaciones no cambian con facilidad. Las sugerencias siguientes, si se las aplica concientemente, pueden ayudar a reestructurar los patrones negativos.

1. Darse cuenta de que el hábito de la reserva emocional y la desconfianza ha sido una parte de la relación desde el principio. Es importante reconocer que este patrón ha complicado los conflictos matrimoniales normales agregando malos entendidos y reacciones exageradas.

2. Comprometerse a trabajar las complicaciones creadas por su primera relación. Darse cuenta de que este no será un proceso simple. La desconfianza se ha estado disfrazando como intimidad. La vulnerabilidad incluirá ser sincero sobre sus sentimientos de temor y frustración mientras se escucha y se entiende a su pareja sin atacar ni escapar. Este compromiso no es una exigencia que usted le realiza a su cónyuge, es una decisión que toma por sí mismo.

3. Educarse acerca de los patrones de comunicación matrimonial sanos. H. Norman Wright, James Dobson y Gary Smalley son autores que pueden ayudarlo a diferenciar entre lo que

es normal, sano y productivo y lo que es defensivo, reactivo y destructivo. Ellos también lo ayudarán a desarrollar patrones nuevos y más eficaces de comunicación y resolución de conflictos en su matrimonio.

4. Trabajar conscientemente en enderezar los dobles mensajes respecto del compromiso en su relación. Hágalo afirmando periódicamente la confianza y el amor que sienten uno por otro. Esto es especialmente importante durante momentos de conflicto y falta de satisfacción. Recuérdele a su pareja que usted está comprometido con la relación, aunque la esta no sea particularmente algo para disfrutar.

5. Si experimenta conflictos y sentimientos negativos que no puede resolver por su cuenta, no dude en encontrar un consejero profesional especializado en matrimonios para que lo ayude a elaborarlos. Asegúrese de buscar un terapeuta que tenga sus valores y perspectivas tanto espiritual y moral como en el campo de las relaciones.

Las relaciones dirigidas a la destrucción pueden salvarse. El factor clave es el deseo genuino de la pareja de redirigir su foco hacia desarrollar cercanía emocional y espiritual. El camino a la resolución de los asuntos matrimoniales probablemente no sea corto ni suave. A estas alturas, la relación le ha traído a la pareja muchas luchas dolorosas. Es posible que, con valor y compromiso, esas experiencias pudieran conducir a ambas personas a ser más abiertas que nunca antes así como también a profundizar su vínculo emocional de maneras que nunca creyeron posibles.

Acercándonos

1. Vuelva y revise su definición de intimidad de la sección "Acercándonos" del capítulo 2.

2. ¿Qué relaciones en su vida han encajado en esa definición? Si estas no son relaciones actuales, piense en cómo terminaron.

3. ¿Es consciente de dobles mensajes o de expectativas no pronunciadas que pueden haber perjudicado la intimidad o evitaron que se desarrollara?

4. Si pudiera revivir esas relaciones, ¿cuáles de sus propias decisiones y conductas cambiaría y por qué?

Si actualmente no está casado y convive con su pareja

1. Sin discusión, cada uno de ustedes haga una lista de metas personales para los próximos tres a cinco años. Sea lo más específico posible. Cuando termine con su lista, siéntense y compartan esas metas.

2. Confeccione una lista de motivos por los cuales no está casado con su pareja y trátenlo como pareja.

Los pensamientos de Karlyn

Te amo... creo

El matrimonio es una de las celebraciones más felices que conocemos. Me encanta asistir a las bodas: La novia deslumbrante, el novio sonriente, las familias contentas, todos vestidos elegantemente y listos para celebrar la mayor decisión que dos personas podrían tomar. Los familiares y amigos están entusiasmados con ellos, sonriendo por dentro mientras recuerdan todo lo que ha atravesado esta pareja, desde la primera vez que él se tomó una hora para discar su número hasta la primera vez que ella volvió contenta con la noticia del primer beso. La familia estaba allí para suavizar las emociones candentes luego de la pelea que casi terminó con la pareja y los amigos estaban al alcance de la mano para ayudarlo a él a crear la increíble declaración que la hizo llorar. Estaban allí para enjugar las lágrimas, racionalizar los alborotos de enojo. Y para reírse de cuán enamorados estaban estos dos. Ahora toda esta gente está en un lugar para apoyarlos mientras ellos avanzan en fe, en confianza y prometen pertenecerse por el resto de la vida de cada uno de ellos. Es tan hermoso.

Y tan terriblemente aterrador.

Porque, realmente, es la decisión más importante que toma la gente en toda su vida. Estoy segura de que toda novia y novio tienen sus dudas de pánico de último momento: "Ah, no, ¿qué estoy haciendo? ¿Y si él no es el que debe ser? ¿Y si ella no es realmente todo lo que quiero en una esposa? ¿Y si Erick era realmente para mí...? ¿Y si Tiffany era realmente la adecuada...? Estoy segura de que todo futuro esposo o esposa tienen sus dudas de último momento llenas de pánico? "Oh, no, ¿qué estoy haciendo?" ¿Y qué si todavía no conocí a la persona que se supone es la real...? ¿Y si estamos cometiendo un error enorme y para la semana que viene queremos divorciarnos? ¿Qué estoy haciendo?"

Es algo bueno que los pensamientos de pánico no cuentan en el altar. Lo que realmente cuenta es el compromiso que permitirá que dos personas vivan la vida juntos, luego de finalizada la celebración, como un equipo exitoso. Es esa decisión concreta la que les permitirá estar locamente enamorados por el resto de sus vidas. ¿Acaso no se trata de eso el matrimonio? Eso es lo que me entusiasma del casamiento, no la boda en sí, sino el profundo compromiso que entra a jugar después de la boda.

Puesto que este asunto del matrimonio es uno de los compromisos más grandes que jamás tendrá, ¿no tiene sentido estar absolutamente seguro de que es la decisión correcta antes de tomarla? Por supuesto que sí. Y la mejor forma de asegurarse de que es la decisión correcta es probarlo primero, ¿no es cierto? ¿Convivir?

Oye, cariño, estaba pensando... ¿crees que sería una buena idea intentar vivir juntos antes de que realmente tomemos una decisión tan importante como la de casarnos? Sabes... solo... para ver si en realidad funciona. Quiero decir, yo te amo y estoy muy seguro de que quiero estar contigo durante el resto de mi vida... pero... bueno... tú sabes, no quiero que nos apresuremos a nada sin estar seguros de que sabemos lo que hacemos, ¿sabes? Quiero decir, podríamos tratar y salvarnos de una gran pena si las cosas no funcionan mejor descubrir que no duraremos antes del matrimonio que después, ¿no? He, he... Así que,... ¿tú que piensas?

Vaya, qué romántico.

¿Qué están diciendo realmente algunas personas cuando deciden vivir con sus parejas? Esto es lo que oigo: "Mira, realmente siento que te amo, pero no confío en ti para que seas responsable de mi corazón todavía. Aún no me has ganado, podría haber alguien allí afuera que encajara conmigo mejor que tú. El tiempo que dediqué a estar de novios contigo no ha sido suficiente como para convencerme de que me amarás para siempre, así que voy a darte una oportunidad para demostrármelo ahora. Si no me aburro de vivir contigo, entonces supongo que no me aburriré al casarme contigo. Pero no doy ninguna garantía. Esto es solamente una prueba. Si fracasa, me iré".

Tengo una sensación de que si uno escucha de cerca y con sinceridad, eso es lo que oirá también. Porque una decisión de vivir juntos puede sentirse como que es un paso de amor y de preocupación por la otra persona e incluso un paso responsable al tomar una opción más grande, pero realmente es una medida de seguridad, querer tener los beneficios físicos de vivir con alguien por quien uno siente una gran atracción, pero no está dispuesto a apegarse al duro compromiso de una vida de amor.

La cohabitación significa un juicio basado en el desempeño: "Lo que hagas mientras vivamos juntos es en lo que me basaré en mi decisión cuando decida si quiero estar contigo por el resto de mi vida".

Por otra parte, el matrimonio es un compromiso mucho más grande que el hecho de convivir. El matrimonio es decir: "Confío en ti con mi corazón. Estoy arriesgando todo al prometer que por el resto de mi vida te amaré a ti y solo a ti. Ahora tú tienes la habilidad de dar vuelta mi vida con la sola decisión de irte, pero confío en que tu compromiso hacia mí es tan fuerte como el mío hacia ti. Tú eres el único que estará allí para mí. Me pongo en tus manos y hasta el día en que me muera por siempre y exclusivamente seré tuyo".

A diferencia de la cohabitación, en el matrimonio no hay una puerta trasera fácil; si llega el momento en que no le guste vivir con esa persona... es duro. Usted eligió apegarse a ella. Usted decidió amar a esta persona. A diferencia de vivir juntos, el matrimonio no es un juicio basado en el desempeño; es una decisión de ser incondicional en su amor. Independientemente de lo que esta persona haga, usted la va a amar por el resto de su vida. Están resueltos a amarse.

Sé que los dos párrafos que acaba de leer contrastan con lo que dice la cohabitación en contraposición a lo que dice el matrimonio que suena duro y atemorizador. Pero intente verlos de una manera diferente. En lugar de verlos como si se lo dijera a otra persona, intente oírlo de su novio o novia. Escuche atentamente lo que la persona le está diciendo.

Ni siquiera voy a preguntar a quién le gustaría oír.

Sin embargo, le diré lo que prefiero oír. En lugar de esa jerigonza acerca de salvarme del dolor e intentar vivir juntos un tiempo, esto es lo que quiero oír:

Karlyn, te amo. No puedo imaginarme la vida sin ti cerca de mí. Eres mi mejor amiga. Te has convertido en una parte de mí y estoy tan agradecido que Dios te puso en mi vida. No merezco tu amor... pero no quiero volver a vivir jamás sin él. No quiero dejarte ir de nuevo. Quiero observar cada puesta de sol contigo. Quiero despertar cada mañana y sentir que estás allí a mi lado. Quiero que todos sepan que eres mía y que te amo con absolutamente todo lo que tengo. Estoy dispuesto a dedicar el resto de mi vida a aprender a amarte mejor. No siempre va a ser perfecto ni fácil, pero estoy preparado para trabajar en ello. Te amo tanto... ¿te casarías conmigo?

Sí, lo sé, soy una romántica. Pero también soy realista. He visto a mis amigas tratar de encontrar el amor conviviendo con su pareja y terminar arruinando completamente la vida de cada una de ellas. Las he visto comprometerse a medias y luego destruirse por completo cuando se retractan de su "compromiso". Sí, el matrimonio es un compromiso enorme. Pero es un compromiso completo. No hay sí o peros; es un te amo total, completo, definitivo y te amaré por siempre no importa qué suceda. No, no es sencillo. Sí, vivir juntos es la manera más rápida de obtener gratificaciones inmediatas sin el trabajo duro. Pero ¿sabe qué? Hable con una pareja que ha estado felizmente casada durante muchos años; ellos le confirmarán que nada volverá a tener el valor como las recompensas que se obtienen de sudar la gota gorda en un matrimonio. ¿Y las gratificaciones que obtendrá al vivir juntos? Inténtelo observarlo de este modo: Su casa está construida en el borde de una barranca que tiene muchas posibilidades de erosionarse. ¿Preferiría tomarse el tiempo de plantar árboles y plantas que van a enraizarse profundamente en el suelo y evitar que su casa se caiga por la colina? ¿O preferiría colocar algunas lindas hojas y ramas sobre la superficie del suelo y sonreír al ver cuán verde se ve? Para todo en la vida, especialmente con las decisiones acerca de su vida amorosa, el esfuerzo que coloque determina la recompensa que obtendrá. Depende de usted.

4

el efecto ilícito

¿Se acuerdan de Pavlov de su época de psicología de la escuela secundaria? Él entrenó a un perro para que segregara saliva en respuesta al sonido de un timbre. Segregar saliva era una respuesta fisiológica estimulada por algo no asociado naturalmente con la respuesta. Del mismo modo, sin darse cuenta, podemos enseñarle a nuestro cuerpo a reaccionar de modo en que normalmente no lo haría. Llamamos a este proceso "acondicionamiento".

Con esto en mente, necesitamos darnos cuenta de que la excitación sexual puede acondicionarse muy rápidamente, tal vez más fácilmente que cualquier otra respuesta psicológica. El término excitación se refiere a la experiencia física de excitación que rodea la experiencia sexual, aumento en las palpitaciones, aumento en la presión arterial, tensión, erección en los hombres y lubricación en las mujeres; todas estas son respuestas psicológicas experimentadas durante el proceso de la excitación sexual.

La repetida exposición de una persona a material sexualmente estimulante, fotografías, libros, películas, objetos e innumerables otras cosas, afectarán o acondicionarán su respuesta sexual. Entonces la excitación depende de lo que se conoce como fetiche, excitación sexual que requiere un objeto no viviente como el punto primordial de dicha excitación.

La historia de Ramón brinda un ejemplo muy triste pero muy común de esta trampa. Ramón había crecido en un hogar cristiano conservador con altos valores morales, pero se involucró mucho en la pornografía antes de casarse con Luisa. Ella era una mujer atractiva de unos veinte años que, como Ramón, provenía de un entorno hogareño cristiano sólido.

Ramón había supuesto que su deseo por la pornografía desaparecería cuando él y Luisa se casaran. Para desilusión de Ramón, con frecuencia tenía problemas para ser excitado por su nueva esposa. Cada vez más se encontraba deseando y hasta necesitando, estar expuesto a algún tipo de pornografía a fin de funcionar con ella. Al principio intentó ocultar su literatura, pero después de varias experiencias donde sintió la vergüenza de ser descubierto, dejó de intentarlo. Finalmente comenzó a suscribirse al canal de *Playboy* en su televisión por cable, si bien nunca lo miraba cuando Luisa estaba cerca. Sintiéndose cada vez más culpable por su "hábito", Ramón pronto dejó de ir a la iglesia con Luisa mientras la falta de satisfacción en su relación se intensificaba.

Ramón había desarrollado un fetiche por la pornografía y por cierto, sin intentar hacerlo. Para Ramón el proceso terapéutico fue lento y emocionalmente doloroso. Ramón tenía que examinar sus sentimientos profundos de falta de adecuación y temores al rechazo. También tenía que enfrentar su escape a la fantasía con compañeras sexuales imaginarias, lo que hacía que no se sintiera satisfecho con la realidad. Estos problemas se habían desarrollado a lo largo de un período de años y no cambiarían rápidamente. La fe, la resolución, la sinceridad, el perdón y un compromiso mutuo tanto de Ramón como de Luisa convirtieron una experiencia muy dolorosa en una historia lamentable.

El fetiche de lo ilícito

La participación en el sexo prematrimonial crea un fetiche similar a la experiencia de Ramón. Las parejas que son sexualmente activas antes del matrimonio se están acondicionando para responder a un fetiche. El proceso es sutil. Puede ser, y con frecuencia lo es, devastador para el gozo sexual luego de la boda.

Hay dentro de cada uno de nosotros, especialmente los que hemos sido criados en un sistema de valores judeocristiano, una conciencia de que el sexo prematrimonial está mal. Puede estar profundamente enterrado, reprimido, ignorado o abiertamente desafiado, pero está allí. Si nos permitimos escuchar nuestros sentimientos cuidadosamente y durante el tiempo suficiente, lo oiremos. Algo profundamente dentro de nosotros dice: "No deberíamos estar haciendo esto..." y hay algo excitante acerca de ello. Hay una cualidad estimulante en ese hecho malo. El término que utilizo para describir esta experiencia es *ilicitud*.

Con frecuencia nuestra conciencia de la ilicitud se traduce en conversaciones con uno mismo, frases que nos decimos a nosotros mismos, tales como:

- "¿Y si alguien lo descubre?"
- "¡Les demostraré a mis padres que puedo hacer lo que quiera!"
- "¿Ven cuánto nos amamos?"
- "¡Ninguna iglesia pasada de moda me va a controlar!"

Todas estas reacciones son reveladoras y reflejan todo tipo de experiencias, incluyendo el temor, el desafío, la vergüenza y el control. La naturaleza propia de estas justificaciones ilustra la ilicitud. No defendemos ni racionalizamos una acción que sinceramente consideramos apropiada y hay algo inapropiado acerca del sexo prematrimonial.

Además de generar un determinado nivel de excitación, la ilicitud también alimenta un vínculo emocional. Lo mal hecho es algo que la pareja comparte. Incluso sin discusión, les da un sentido de ser especiales y únicos. Esto, por supuesto, se agrega a la excitación y a la estimulación de la ilicitud.

¿Cómo sabe una pareja de novios si están acondicionando su excitación sexual hacia la ilicitud? No hay forma de medir el efecto de la ilicitud durante el noviazgo. Si una pareja está resuelta a racionalizar, probablemente lo haga con éxito. Sin embargo, el efecto de la ilicitud se mide con facilidad después de la boda.

He hablado con innumerables parejas casadas, cristianas y no cristianas por igual, que me han dicho: "Roger, antes de casarnos teníamos una gran vida sexual. Era excitante, satisfactoria, y la disfrutábamos mucho. Pero por algún motivo, en nuestra noche de bodas esa excitación murió. Desde entonces nunca ha sido muy buena".

¿Qué supone usted que le sucede a estas parejas en la noche de bodas? La ilicitud, que se ha vuelto acondicionada (requería estímulo sexual), ya no está presente. ¿Quién se ofenderá o impresionará por su conducta ahora? Ya no están demostrando algo con su relación sexual. De hecho, ahora el sexo es obligatorio para ellos ya que una pareja bien adaptada incluye la interacción sexual periódicamente. La fuente de su satisfacción sexual ahora se ha disuelto y dejó confusión, desilusión y frustración en su lugar.

¿Cómo una persona que ha experimentado la excitación de lo ilícito generalmente trata de volver a capturarlo después de casada? Un método muy sencillo es tener una aventura amorosa. Puesto que también hay una conciencia dentro de cada uno de nosotros de que el sexo extramatrimonial está mal, la ilicitud es una parte de toda relación adúltera. ¿El resultado? Los matrimonios se derrumban, las familias se separan y sube la tasa de divorcios.

¿potencialidad perdida?

Exploremos aún más los efectos de la trampa de lo ilícito. Cuanto mejor sea nuestro entendimiento, más preparados estaremos para evitar la trampa así como también para ayudar a otros a evitarla.

El gozo sexual y la capacidad de respuesta se hacen más grandes cuando no hay tensión externa. En otras palabras, el estrés de cualquier tipo impide la satisfacción sexual. La relajación, la alegría y la confianza tanto en el entorno y en la relación son variables sumamente importantes para el placer y el gozo en la experiencia sexual.

Una cantidad de factores en la mayoría de las relaciones sexuales prematrimoniales intensifica el estrés y hacen menor la satisfacción sexual tanto para el hombre como para la mujer:

1. La relación sexual prematrimonial alienta la culpa y la ansiedad en ambas personas. La falta de un compromiso tangible, permanente deriva en un nivel de inseguridad. Más allá del sentido de ilicitud está el temor al rechazo. Puesto que la relación no tiene los cimientos de un compromiso para toda la vida, cada parte probablemente piense: "A él o a ella puede no gustarle cómo soy, lo que hago o puede que no sea lo bastante bueno". Esto resulta en la preocupación con el desempeño de uno y en un temor al fracaso. Cada vez que la gente no puede abandonarse por completo a una pareja en confianza y seguridad, se hace menor la satisfacción sexual. Esta inseguridad es con frecuencia más intensa en la mujer. Según la doctora Helen Singer Kaplan, notoria autoridad en la terapia sexual:

> Una relación de confianza, de amor es importante para asegurar el funcionamiento sexual. Para una mujer, un sentimiento de confianza en que su pareja va a satisfacer sus necesidades, particularmente las necesidades de dependencia, y un sentimiento de seguridad de que el cónyuge se ocupará de ella, se hará responsable de ella, no la abandonará y le será leal parecen necesarios para poder permitirse abandonarse a los placeres sexuales. De hecho, una evidencia reciente indica que la confianza puede ser uno de los factores más importantes que determinan la capacidad orgásmica en las mujeres.[1]

2. Al sexo prematrimonial con frecuencia se lo apura. Generalmente, el tiempo o el lugar es menos que conveniente. La necesidad de una estimulación agradable y paciente así como también la comunicación y las expresiones de amor se pasan por alto o se ignoran del todo. La parte que se quiere de la relación suele ser dejada de lado y el punto primordial se convierte en la satisfacción física personal.

3. La meta del hombre involucrado es por lo general la liberación física y no compartir o satisfacer las necesidades de su pareja. Puesto que la excitación femenina es habitualmente más gradual que la del hombre, el punto primordial está en la satisfacción de él. Muchas veces ella se siente usada o ignorada, si bien con frecuencia se reprime este sentimiento para que la relación pueda continuar.

4. La experiencia sexual prematrimonial es generalmente abordada con poca o ninguna preparación anticonceptiva. La posibilidad de un embarazo trae consigo una tensión propia. Hablar acerca de los temores de un embarazo o de la anticoncepción con frecuencia se evita en las relaciones de noviazgo. La espontaneidad termina siendo priorizada por sobre la comunicación o la planificación.

5. Cada vez más cantidad de jóvenes está enfrentando la posibilidad del SIDA. A medida que las epidemias de las diversas enfermedades de transmisión sexual crecen y aumenta la conciencia pública, la tensión y la preocupación afecta más significativamente las relaciones. Ahora es casi universalmente aceptado que la única protección eficaz contra las enfermedades de transmisión sexual es un compromiso de por vida con una pareja (monogamia).

Todos estos factores respaldan la conclusión de que el sexo prematrimonial nunca es el sexo en su mejor manera. Cuando una pareja pierde la oportunidad de experimentar el sexo dentro de la relación segura de un compromiso de matrimonio, no comprenden lo que han dejado de lado. Lamentablemente, puede que nunca experimenten el sexo en su máximo esplendor. Puede que nunca sepan lo que podrían haber experimentado juntos si hubieran sido obedientes a las Escrituras.

Para la pareja que puede estar pensando que deben terminar porque su relación está destinada al fracaso, hay un rayo de luz. Es posible que una pareja no casada que ha sido sexualmente activa pueda volver a captar esa potencialidad, por lo menos hasta cierto grado. Pero no sucede por accidente; se logra a través de decisiones conscientes y compromiso. Significa dar por tierra con todas las relaciones sexuales y establecer algunos límites claros en la relación física durante un período antes de la boda (cuanto más tiempo, mejor). Juntos, la pareja debe tomar decisiones serias acerca de cómo manejar sus tentaciones sexuales naturales para poder establecer patrones adecuados. El capítulo 8 trata sobre cómo una pareja reestructura su relación física.

Para la pareja casada que reconoce y comprende estos patrones y las consecuencias para su matrimonio, varios pasos ayudarán a comenzar con el proceso del cambio positivo. Algunos de los temas que deberán tratar juntos pueden hacerlos sentir incómodos o amenazados al principio, pero es importante hablar de ellos a pesar de este sentimiento. El crecimiento de una relación pocas veces se da en un matrimonio sin comunicación directa.

1. Dedique tiempo para estar solos como pareja y tratar sus primeros patrones sexuales. Comenten lo que les hubiera gustado cambiar en su noviazgo. Asegúrense de pensar y explicar por qué hubieran sido importantes estos cambios. Al final de este capítulo hay una sección diseñada para ayudar a dar comienzo a la conversación.

2. Admitan y hablen sobre los errores que cometieron durante el noviazgo. También hablen de su entendimiento del efecto de esos errores en su relación actual.

3. Tomen una decisión de perdonar tanto a su cónyuge como a sí mismo por el pasado. El perdón significa ya no requerir un pago por los males cometidos en su contra. En las relaciones estos "pagos" pueden adoptar muchas formas: Repliegue, silencio, explosiones de ira, resentimiento interior y falta de cooperación. El perdón puede que no cambie milagrosamente la relación, pero sin el perdón no puede haber un cambio real.

4. Aprendan a tratar abiertamente su relación sexual entre ustedes. ¿Cuáles son sus deseos, preferencias, sueños y

temores? Esta puede no ser una discusión única, sino muchas conversaciones a lo largo de un período largo.

5. A continuación se sugieren dos libros en inglés:

    • *Re-Bonding* [Volver a vincularse] de Donald Joy[2]
    • *Intended for Pleasure* [Con intención de placer] de Ed Wheat y Gaye Wheat[3]

6. Si, después de dar estos pasos, ambos sienten poco avance hacia los cambios que desean, consideren encontrar un consejero matrimonial profesional o terapeuta familiar que tenga sus valores. Su pastor, sacerdote o rabino pueden ayudarlo a conseguir uno.

Acercándonos

Trace una línea desde el nivel físico a la izquierda hasta lo que usted crea que es el nivel de compromiso a la derecha.

Nivel físico	Nivel de compromisito
Tomarse de las manos	Relación informal
Abrazarse	
Besarse	Primera cita
Beso a la francesa	
Caricias, por encima del cuello	Noviazgo
Caricias, por debajo del cuello	
Juegos sexuales (debajo de la ropa, sin órganos sexuales)	Novios exclusivos
Juegos sexuales (debajo de la ropa, órganos sexuales)	Compromiso
Relación sexual	
	Matrimonio

1. ¿De qué manera sus creencias expresadas en este ejercicio se aplican realmente a sus relaciones?

2. Si está de novio o comprometido, ¿cómo se compara su opinión en el ejercicio anterior con el de su pareja? Trate de que él o ella hagan el mismo ejercicio antes de dar a conocer sus respuestas. (Puede que aprenda mucho acerca de cuánto se conocen.)

3. ¿De qué manera las diferencias en estas áreas afectan una relación de noviazgo?

Para los que están casados

Dedique un tiempo para completar las siguientes enunciaciones tan sincera y profundamente como pueda. Luego de completarlas individualmente, lea sus respuestas y trate sus sentimientos sobre ellas.

1. Si pudiera cambiar algo de nuestro noviazgo, sería _____
   _____.

2. El motivo por el que haría este cambio es _____
   _____.

3. Un cambio que puedo hacer ahora en esta área es _____
   _____.

4. Lo que más aprecio acerca de nuestra relación sexual es ___
   _____.

5. Para mí, el cambio más útil en nuestra relación sexual sería
   _____.

6. Algunas cosas que puedo hacer para facilitar este cambio son
   _____.

7. Algo que creo que podrías hacer para ayudar a este cambio es
   _____.

Los pensamientos de Karlyn

Lo que sabes que te herirá

Póngase a sí mismo en esta historia. Tiene catorce años. Es el hijo menor de cinco y todos sus hermanos mayores le han enseñado un poco sobre cómo conducir un automóvil así que se muere por probar. Una noche usted y un amigo se escapan a las dos de la mañana y llevan el viejo y arruinado camión *Chevy* de su hermano mayor hacia el estacionamiento de la escuela. Su corazón da brincos y su aliento sale a borbotones, pero ¡nunca se ha divertido tanto en toda su vida! Después de dos horas dando vueltas alrededor del estacionamiento, luego pisando el freno en los giros y luego corriendo a gran velocidad sobre los cordones de la vereda y los bloques del estacionamiento, se siente como un profesional. Al volver a colocar el camión en la acera usted está muy nervioso porque su hermano lo va a atrapar. Pero él no lo hace, usted no lo hace y todo está bien.

Dos semanas más tarde quiere tanto salir a conducir que puede sentir el sabor en su boca. Ahora se siente como que realmente puede hacerlo, ya no se necesitan más prácticas. Así que llama a dos amigos y, nuevamente, a las dos de la madrugada, los tres se escapan y esta vez toman el amado *Toyota Camry* de su mamá alrededor del vecindario. De nuevo, tiene tanto miedo de ser atrapado o de que algo salga mal, que siente cada palpitar de su corazón durante toda la hora y media. Pero ¡nunca se había divertido tanto! Esto es aún mejor que la vez anterior.

En poco tiempo esto se convierte en una rutina. Cada pocas semanas usted y dos amigos se escabullan en la noche con el automóvil de alguien y van a algún lado nuevo. Cada vez hay esa excitación nerviosa, algo podría ir siquiera un poco mal y todos estarían en grandes problemas, pero vale la pena. Finalmente, ha conducido todos los carros de su casa varias veces, desde el viejo *Ford* de su hermana al flamante *Jaguar* de su papá. Cada vez que pasa cerca de un policía se pone tan nervioso que piensa que se va a desmayar, pero nunca fue detenido. Hubo una vez en que su hermana mayor lo pescó escabulléndose dentro de la casa luego de haber usado su auto. Ella estaba enojada, y cuando mama y papá lo descubrieron, tampoco estaban complacidos. Lo castigaron durante tanto tiempo que tuvo miedo de nunca más ver la luz del día. Pero ser atrapado no hizo que no lo hiciera de nuevo... y de nuevo... y de nuevo. Ahora está el peligro agregado de lo que podría suceder si algo anduviera nuevamente mal. Y es estimulante, casi intoxicante. Simplemente no puede evitar hacerlo.

Finalmente, cumple dieciséis años. Tiene su licencia para conducir. Sus padres le compran un auto y le entregan las llaves. Está tan entusiasmado de finalmente poder conducir su propio auto ¡y a la luz del día!, que sale corriendo y con ímpetu de la acera. Riendo, va a buscar a sus amigos y emprende con velocidad la autopista como tantas veces lo hizo antes.

Pero... falta algo. Este debería ser uno de los días más excitantes de su vida, pero no hay ninguna excitación. Lo hay, pero no es lo mismo. Usted está feliz, pero no se siente intoxicado con la emoción de todo esto. Su corazón no lo tiene en la garganta. No hay peligro involucrado para que se sienta mareado por el entusiasmo. No hay motivo para escabullirse más... no hay motivo para usar el auto de otra persona... no hay razón para temblar cada vez que un policía lo pasa. ¿Dónde está la diversión en eso? Repentinamente, ahora que están permitidos todos sus actos prohibidos, la diversión no está más. Ha perdido la emoción de conducir su propio auto porque es aburrido. Sin embargo, sí le toma el gusto a ese viejo entusiasmo cuando toma los autos nuevos de sus amigos para correr...

¿Qué piensa que podría haber sucedido el día en que obtuvo su propio auto si nunca hubiera conducido un auto antes? La primera vez que su papá le entregara las llaves de su propio auto, estaría feliz. Su corazón palpitaría en su garganta, estaría aterrorizado, entusiasmado y confiado, todo al mismo tiempo. La emoción de ser confiado para dirigirse a los caminos abiertos solo sería intoxicante. Tendría el control, conduciendo su propio carro sin que alguien al lado suyo le diga lo que tiene que hacer! Ese sentimiento impetuoso, por supuesto, no duraría hasta el día de su muerte, pero nunca se desilusionaría por la falta de emoción al conducir. ¿Qué falta allí? No conocería nada diferente. Sería siempre digno de disfrute porque no faltaría nada. Todo sería justo como se supone que sea.

Ahora considere cómo es cuando experimenta el sexo antes de casarse. La emoción de poder hacer cualquier cosa que quiera, cuando quiera, con quien quiera que lo desee es intoxicante. Es emocionante. Algo en el fondo de su mente le dice que usted es libre de hacer lo que quiera sin importar lo que digan y usted tiene un sentido del control que lo entusiasma. Puede manipular el sistema. Usted es el hombre. Usted es la mujer.

Pero entonces, cuando finalmente decide atar el nudo, algo horriblemente malo sucede. La magia, la emoción, se han ido. Lo que una vez hacía sin pedirle permiso a nadie, ahora lo hace con el permiso de todos. ¿Dónde está la diversión en eso? Siente la falta de la emoción ilícita, y el sexo con su cónyuge ya no es excitante, ya no es satisfactorio. Ansía lo que tuvo alguna vez: La atracción hormigueante que esta experiencia solía ser para usted. ¿Quién quiere hacer algo que es aburrido cuando uno sabe que podría ser excitante? Ahora bien, escabullirse con otra persona trae de nuevo esa antigua excitación...

¿Puede ver la correlación? Cuando se enseña a sí mismo a amar y necesita la excitación de algo secreto, y luego ya no existe ese secreto, la excitación desaparecerá. Pero si nunca se capacita para necesitarlo, nunca extrañará nada. Cuando duerme con su cónyuge puede excitarse cada vez, porque no necesita hacer algo ilícito para divertirse. ¿Qué piensa que preferiría tener? ¿Mucho regocijo ahora y años de insatisfacción más adelante, o la dura opción de la negación propia ahora y una vida sexual satisfactoria, emocionante después de haberse casado?

Me siento agradecida porque nunca extrañaré el sentimiento del sexo ilícito porque no sabré cómo se siente. He decidido esperar, y durante un período largo, de ser necesario. Así como sería excitante ahora andar por todo el camino, el sentimiento no perdura. Y si tuviera que sentir que algo le falta a mi vida sexual por el resto de mi vida, preferiría no saber lo que me perdí. Preferiría ser ingenua y sin práctica. No quiero sentirme como que mis ex novios eran mejores amantes que mi esposo. Quiero estar tan impresionada con él que casi no pueda tolerarlo. Él va a ser la cosa más excitante que jamás experimente, porque no conoceré nada diferente..

¿Qué elegirá experimentar?

5

La trampa de la virginidad técnica

Hace unos pocos años di una conferencia de liderazgo para jóvenes sobre el tema de la sexualidad para los cristianos. Luego de uno de los talleres, una joven me hizo una pregunta pertinente. Recuerdo bien la situación porque toda persona no casada que estaba presente se inclinó hacia delante y asintió su aprobación de la pregunta. Obviamente había dejado afuera algo importante de mi conversación.

"Hace poco me comprometí. Mi novio y yo hemos trabajado duro para mantener nuestra relación sexualmente pura. Pero tenemos fuertes sentimientos uno por el otro y somos muy cariñosos. Luego de oír lo que usted dijo hoy, algo me confunde. ¿Las caricias sexuales pueden ser perjudiciales para una relación o simplemente estamos hablando de dormir juntos?"

Su pregunta era buena y merecía una respuesta directa. Sin embargo, la respuesta es más compleja que solo un sí o un no. Espero haberle dado una respuesta adecuada en el corto tiempo que tuvimos ese día. Este capítulo responderá esa misma pregunta tan profundamente como sea posible.

Definir claramente las caricias sexuales es algo difícil. Por cierto, implican a dos individuos tocándose de una manera sensual, pero eso puede ser el único elemento en común en muchas definiciones.

Algunas definiciones giran alrededor de qué partes del cuerpo se acarician. Muchas definiciones describirán las caricias sexuales en términos de dos niveles: "Caricias sexuales leves", que habitualmente significan que la pareja está vestida y "caricias sexuales pesadas", que habitualmente significa que la pareja está desnuda. Para nuestros propósitos, las caricias sexuales son una estimulación mutua sin relación sexual o coito como meta. Implica generar tensión sexual a través de acariciar las áreas sexualmente sensibles sin aliviar esa tensión a través de la relación sexual. Las caricias sexuales pueden involucrar un orgasmo o no.

Si pensamos en el comportamiento sexual desde tomarse de la mano hasta el coito, las caricias sexuales podrían definirse como más intensas que un beso y un abrazo, pero menos intensas que la relación sexual. Debido a la excitación del deseo sexual, muchas parejas que no quieren seguir más allá de las caricias sexuales terminarán, por supuesto, teniendo relaciones. Cuando una pareja tiene la intención de tener relaciones sexuales, a este tipo de caricias se lo llama "juego previo". Así que en este sentido, la única diferencia entre las caricias sexuales y el juego previo es la intención.

Algunas personas creen que las caricias sexuales son una manera en que dos personas que se quieren y valoran su virginidad se den placer sexual sin penetración. Piensan que es una manera para dos personas que están comprometidas una con la otra, si bien no están casados, a comenzar la preparación emocional para una relación sexual sin violar el código bíblico de la abstinencia sexual. Otros reconocen que las caricias sexuales son un tipo de fraude porque generan deseos y fantasías que no pueden ser satisfechos moralmente. Se dan cuenta de que aunque las personas se quieran mucho, están creando un vínculo que solo está destinado para el matrimonio, sin la garantía de que permanecerán juntos.

La progresión

Se desarrolla una progresión natural en la estimulación sexual y la excitación, de algo sutil como una sonrisa a algo tan poderoso como una relación sexual. Incluye tomarse de las manos, besarse, acariciarse, sentir afecto y muchas etapas entre medio. El común denominador en todas estas conductas es el rumbo. Ese rumbo es para intensificar, incrementar y progresar.

Sin embargo, con el correr del tiempo, cada etapa se vuelve menos satisfactoria. Una vez que se pasa de tomarse las manos a los besos, es sumamente difícil regresar a solo tomarse de las manos sin un sentimiento de insatisfacción. Nuestras sensaciones psicológicas nos instan hacia la relación sexual. Eso no es necesariamente algo malo; dentro del compromiso del matrimonio es un vínculo increíblemente excitante y emocionalmente fortalecedor. Fuera de ese compromiso, esos impulsos pueden ser muy parecidos a una arena movediza.

La intimidad emocional surge a través de etapas identificables de contacto. Cada una de estas etapas es un componente esencial en el desarrollo hacia el "pacto emocional" de convertirse en marido y mujer. El sentido de unidad derivado de este pacto es lo que le da a una relación matrimonial sana su casi mística singularidad entre todas las demás relaciones. Estas etapas de contacto nutren un vínculo especial de compañerismo que atraen a dos personas como ninguna otra relación puede hacerlo. En su libro *Intimate Behavior* [Conducta íntima], del reconocido antropólogo británico y zoólogo Desmond Morris describe de forma profundidad los patrones de la intimidad humana. He parafraseado y acortado sus hallazgos sobre los patrones del cortejo:

1. Ojo a cuerpo. Una mirada revela mucho acerca de una persona: El sexo, el tamaño, la edad, la personalidad y la condición social. La importancia que las personas les dan a estos criterios determina si se sentirán atraídos uno hacia el otro.

2. Ojo a ojo. Cuando el hombre y la mujer que son extraños intercambian miradas, su reacción más natural es desviar la vista, generalmente con vergüenza. Si sus ojos vuelven a encontrarse, puede que sonrían, lo que indica que podrían llegar a conocerse más.

3. Voz a voz. Sus conversaciones iniciales son triviales e incluyen preguntas como: "¿Cómo te llamas?" o "¿A qué te dedicas?" Durante esta larga etapa las dos personas aprenden mucho acerca de las opiniones de la otra persona, de sus pasatiempos, actividades, hábitos, cosas que le agradan y que le desagradan. Si son compatibles, se convierten en amigos.

4. Mano a mano. La primera instancia de contacto físico entre la pareja es por lo general una ocasión romántica como cuando el hombre ayuda a la mujer a bajar un escalón alto o la ayuda a cruzar un obstáculo. A estas alturas, cada uno de los individuos puede retirarse de la relación sin rechazar al otro. Sin embargo, si continúa, el contacto mano a mano finalmente se convierte en una evidencia del apego romántico de la pareja.

5. Mano a hombro. Este abrazo afectivo sigue siendo sin compromiso. Es una posición de tipo "amigo" en la que el hombre y la mujer están uno al lado del otro. Están más preocupados con el mundo que está frente a ellos que uno con el otro. El contacto mano a hombro revela una relación que es más que una amistad cercana, pero probablemente no amor real.

6. Brazo en la cintura. Debido a que hay algo que dos personas del mismo sexo no harían comúnmente, es claramente romántico. Están lo bastante cerca como para compartir secretos o un lenguaje íntimo. Sin embargo, mientras caminan lado a lado con la mano en la cintura, todavía siguen mirando hacia delante.

7. Cara a cara. Este nivel de contacto implica mirarse a los ojos, abrazarse y besarse. Si no pasan por alto ninguna de las etapas previas, el hombre y la mujer habrán desarrollado un código especial a partir de la experiencia que les permite participar en una comunicación con muy pocas palabras. A estas alturas, el deseo sexual se convierte en un factor importante en la relación.

8. Mano en la cabeza. Esta es una extensión de la etapa anterior. El hombre y la mujer suelen acariciar o pasar los dedos por la cabeza del otro mientras se besan o hablan. Rara vez las personas de nuestra cultura tocan la cabeza de otra persona, a no ser que estén involucrados románticamente o sean miembros de una familia. Es una designación de estrechez emocional.

9.–12. Las etapas finales. Los cuatro últimos niveles de involucrarse son distintivamente sexuales y privados. Son (9) la mano en el cuerpo, (10) la boca en el pecho, (11) tocarse debajo de la cintura y (12) relaciones sexuales.[1]

Es imposible enfatizar lo suficiente la importancia de pasar por cada una de estas etapas lenta y sistemáticamente. La verdadera intimidad entre un hombre y una mujer crece gradual y suavemente. El tiempo y la paciencia son esenciales: Los dos aspectos del cortejo que no pueden apurarse. Cuando una pareja avanza demasiado rápido o pasa por alto una etapa, se interrumpe el progreso del vínculo emocional natural y se pierde algo en el desarrollo del compañerismo emocional entre ellos.

Como lo ilustran estas doce etapas, la progresión se da hacia el vínculo genital a genital o a la relación sexual. Una pareja que quiere evitar las relaciones sexuales antes del matrimonio, que no se siente preparada para un compromiso matrimonial y que sin embargo, participa en caricias sexuales tiene pocas opciones además del fracaso o la frustración. La pareja está intentando seguir e intensificar una progresión natural, solo para abortarla justo antes de la satisfacción.

Esta progresión natural es la fuerza que empuja a una pareja que ha tenido relaciones sexuales a seguir teniéndolas, incluso si se sienten culpables por ello. Esta progresión es también lo que obliga a una persona que ha tenido relaciones sexuales en una relación a tenerlas en la próxima, incluso cuando él o ella saben que fue un problema en la relación anterior.

Para la mayoría de las parejas, las caricias sexuales son como pasar un cambio de un automóvil. Por lo general, acelera la progresión hacia el coito. La búsqueda de placer físico domina la relación y el crecimiento emocional y la comunicación con frecuencia se detienen.

Las parejas que están en la etapa de las caricias sexuales generalmente no hablan mucho, por lo menos no con profundidad. Niegan la exploración de las personalidades de cada uno de ellos a favor de explorar sensaciones físicas. Mientras aumenta el aspecto físico, la relación se estanca. Le dan cada vez más atención y energía a estar solos juntos y a satisfacer sus apetitos sexuales. Dedican cada vez menos tiempo a estar con otras personas o entre sí. La cita se convierte en un momento para llegar al verdadero interés de la noche: La estimulación física y la excitación.

A poco andar, queda muy poco en la relación aparte de la participación física. Sentirse cerca depende del contacto físico y dejarlo de lado se siente como dejar de lado la relación. La compulsión sexual es casi inevitable. Si una pareja no está dispuesta a arriesgar la pérdida de la relación alejándose de la intimidad física o si simplemente no lo piensan mucho, el sexo domina la relación incluso sin relaciones sexuales.

Con frecuencia la persona que tiene mayor dificultad en controlar la progresión es la que tiene una profunda necesidad de ser amada. Esta es una persona que siente que no la aman, que no la quieren y puede tener miedo a un nivel profundo de que él o ella no tenga nada para aportar a una relación. La persona que está buscando llenar un vacío dejado por un pasado hambriento de afecto es sumamente susceptible a malentender señales de la relación y con frecuencia traduce la lujuria egoísta de la otra persona en un mensaje de amor genuino.

Mientras que la potencialidad para este tipo de vulnerabilidad siempre está presente, la mayoría de las personas estarían de acuerdo en que el contacto físico es un mal sustituto del amor y el cariño verdaderos. Tim Stafford, que periódicamente brinda una perspectiva práctica, bíblica sobre el amor y el sexo en una columna de preguntas y respuestas para la revista *Campus Life,* lo dice de este modo:

En nuestra cultura, las parejas que han estado saliendo juntos durante un tiempo probablemente se abracen, se besen y se tengan de las manos. Creo que estas son, para la mayoría de las personas, formas cálidas e inocentes de expresar aprecio amoroso. Cuando se va más allá y se apunta a la excitación sexual, creo que uno generalmente deja de hablar el idioma del amor. ¿Por qué? Porque debe detenerse en algún momento antes de las relaciones sexuales. Algunas personas no pueden, pierden el control. Algunas personas pierden el deseo de detenerse. Algunas personas tienen el control, pero lo hacen al costo de sentirse frustrados. En lugar de sentir calidez, están recalentados. Nunca supe que esto ayudara a crecer a una relación, cuando las personas dedican horas a estar juntas acelerando los motores y apretando el freno al mismo tiempo. Van a estar mucho mejor simplemente hablando y conociéndose.[2]

El capítulo 4 trató sobre la trampa de lo ilícito, es decir, el proceso de acondicionamiento de la respuesta sexual de una persona a un estímulo importante. No podemos tratar los peligros involucrados en las caricias sexuales sin mencionar la ilicitud, porque se aplican los mismos principios. Cada vez que se persigue la excitación sexual, como sucede en el caso de las caricias sexuales, existe la potencialidad de un acondicionamiento problemático. Si ha pasado un tiempo desde que leyó el capítulo sobre la ilicitud, tal vez quiera volver y refrescar su memoria sobre los puntos principales del proceso de acondicionamiento antes de terminar este capítulo.

Si las caricias sexuales se usan para aumentar la mala autoestima de una persona, entonces la autoestima pronto dependerá de las caricias sexuales. Si las caricias sexuales se usan para sentirse cerca de la otra persona, será difícil sentirse cerca sin caricias sexuales. Simplemente no podemos separar el fenómeno del acondicionamiento de la excitación sexual. Solo podemos estructurar nuestras relaciones sexuales para que estemos acondicionando respuestas de excitación adecuadas. No hacemos eso en solo una o dos experiencias, lo hacemos durante más tiempo. Lo hacemos desarrollando a sabiendas una relación que es coherente con nuestros valores y metas.

La perspectiva bíblica

¿Qué dice la Biblia sobre las caricias sexuales? Se supone comúnmente que los jóvenes en los tiempos de la Biblia alcanzaban la pubertad a una edad algo mayor que los jóvenes hoy día. La diferencia habitualmente se atribuye a una dieta mejorada y al cuidado médico que los niños tienen ahora. Cualquiera sea el motivo, la edad promedio de la pubertad de los jóvenes bíblicos era probablemente de catorce o quince años. El matrimonio probablemente se producía a esa misma edad aproximadamente, así que no había mucha necesidad de tratar con la tensión sexual fuera del matrimonio. El contacto entre los sexos también estaba limitado. Por lo general los muchachos asistían a la escuela mientras que las niñas no lo hacían y los matrimonios los arreglaban los padres. También, el contacto sexual de un joven era guardado de cerca por los padres porque la virginidad de una hija afectaba fuertemente la dote de su padre o el "precio de la novia". Así, un padre tenía motivos financieros para proteger la pureza de su hija antes del matrimonio.

Las circunstancias han cambiado para los jóvenes de hoy día. Desde que son muy pequeños, los muchachos y las chicas generalmente no se separan. Dedican mucho tiempo a estar juntos. La edad promedio de la pubertad es menor ahora, por lo general doce o trece años. La edad de casamiento promedio en Estados Unidos es de mayor edad, de veintitrés a veinticinco años. Esto les da a los jóvenes un período de madurez sexual y tensión sexual que rara vez existía hace 2.000 años. También genera oportunidades para experimentar con las relaciones sexuales, algo raro en los tiempos bíblicos.

El deseo y el contacto físicos aumentan naturalmente a medida que la pareja se acerca al compromiso de un matrimonio. Cuando la pasión sexual crece, la perspectiva se distorsiona: Las buenas intenciones con frecuencia se pierden en la prisa de las emociones y las sensaciones físicas. Los motivos pueden cambiar rápidamente de la benevolencia a la gratificación propia, del afecto a la lujuria. Y cuando su meta se convierte en excitación sexual en lugar de una expresión adecuada de amor y compromiso, se ha entrado en una zona de peligro que con frecuencia deriva en la destrucción de una relación sana y creciente.

¿La Biblia dice que las caricias sexuales están bien o están mal? Si bien muchos pasajes son claros respecto de las relaciones sexuales fuera del matrimonio, otras conductas sexuales tales como las caricias no se tratan directamente. Pero podemos discernir claramente el punto de vista de Dios a partir de pasajes que hablan de la lascivia y de la disciplina propia:

"Oísteis que fue dicho: No cometerás adulterio. Pero yo os digo que cualquiera que mira a una mujer para codiciarla, ya adulteró con ella en su corazón" (Mt. 5:27-28).

Jesús está señalando que pueden cometerse pecados en el corazón incluso si el comportamiento externo no lleva a cabo ese pecado.

"Digo, pues, a los solteros y a las viudas, que bueno les fuera quedarse como yo; pero si no tienen don de continencia, cásense, pues es mejor casarse que estarse quemando" (1 Co. 7:8-9).

"Huye también de las pasiones juveniles, y sigue la justicia, la fe, el amor y la paz, con los que de corazón limpio invocan al Señor" (2 Ti. 2:22).

"Huid de la fornicación. Cualquier otro pecado que el hombre cometa, está fuera del cuerpo; mas el que fornica, contra su propio cuerpo peca. ¿O ignoráis que vuestro cuerpo es templo del Espíritu Santo, el cual está en vosotros, el cual tenéis de Dios y no sois vuestros? Porque habéis sido comprados por precio; glorificad, pues a Dios, en vuestro cuerpo y en vuestro espíritu, los cuales son de Dios" (1 Co. 6:18-20).

El mensaje es claro: Es una señal de advertencia. Dios nos está diciendo que corramos tan rápido como podamos de la impureza sexual. Él está diciendo aquí que hay un peligro extremo en alentar los pensamientos y las intenciones sexuales fuera del matrimonio. Entonces, ¿cómo debería manejar el deseo sexual una persona soltera? ¿Cómo puede una persona adivinar qué está bien y qué está mal en cuanto a la conducta sexual? El autor Michael Crosby lo dice bien:

> Desde el punto de vista de Jesús, toda la vida debería regirse por un profundo amor a Dios y a otras personas. En lugar de determinar qué hacer en cada una de nuestras decisiones cotidianas reflexionando sobre lo que requiere alguna ley, Jesús preguntaría: "¿Cuál es la cosa más ética y amorosa que podría hacer en esta situación?" Su concentración estaba sobre lo que estaba bien, no sobre lo que era legal. La pregunta para Él no era: "¿Qué puedo hacer para gratificar mis propios deseos?", sino: "¿Cómo puedo servir mejor a Dios y dar de mí para ayudar a los demás?" La vida vivida en el nivel de la manipulación es en realidad, una imitación barata de la vida real. La idea de dos personas usándose para satisfacer sus apetitos físicos sería repugnante para Jesús y para el apóstol Pablo. Ellos afirmarían que la vida egoísta es una vida incompleta, que el placer obtenido usando a los demás es solo una lastimosa sobra del verdadero gozo involucrado en darse altruistamente y en recibir felizmente lo que esa persona le da a uno. Esto no significa para nada disminuir el deseo o el placer sexual, sino colocarlos en su justo lugar. El sexo debería ser una parte que se disfrute de la vida de casados.[3]

Para una pareja no casada, hay otra opción disponible además de romper o de permitir que domine la compulsión sexual. Esa opción es comenzar de nuevo. Significa retroceder y volver a fijar las prioridades, las metas y decidir cómo crecer a través de las etapas de la participación física enumeradas en este capítulo, reservando las intimidades de los pasos 9-12 para el matrimonio. Volver a empezar es un proceso difícil. Se requiere mucho compromiso y muchas relaciones no aguantan la tensión. Pero si la meta de la relación es el casamiento, bien vale la pena el esfuerzo. El hecho es que, si la relación no puede sobrevivir a este tipo de reestructuración de prioridades y conducta, seguro que no sobrevivirá los rigores de cincuenta años de vida juntos.

caricias sexuales sin una pareja

Otra área de la virginidad técnica es la estimulación propia o masturbación. Es un tema incómodo cargado de culpa y temor. Es increíble, sin embargo, que cada vez que hablo frente a un grupo de jóvenes y les pido que escriban preguntas anónimas, puedo garantizar que la masturbación aparecerá muchas veces. Es una gran pregunta en la mente de la mayoría de los solteros.

En el pasado, a la masturbación se la culpaba de homosexualidad a locura, de pereza a cabellos en los nudillos. Considerando la forma en que este tema ha sido abordado en las generaciones pasadas, no es de sorprender que la mayoría de la gente se sienta incómoda siquiera pronunciando la palabra.

A la masturbación se la define como manipular el propio cuerpo de uno de manera de generar tensión sexual. Es tener sexo sin pareja y puede o puede que no incluir el orgasmo. La sensación física de excitación y el alivio puede producirse sin relación con la otra persona.

Silencio de las Escrituras

Como en el caso de las caricias sexuales, la Biblia no menciona específicamente a la masturbación. Génesis 38:8-10 se utiliza típicamente para enseñar que Dios no aprueba la masturbación. El mayor problema con usarlo por ese motivo es que la masturbación no estaba involucrada. Onán tuvo relaciones con la viuda de su hermano según lo requería la ley de levirato de herencia; la situación no fue de estimulación propia. Su problema no era de índole sexual, sino una violación directa al mandamiento de Dios.

El propósito de esta ley en particular era el de garantizar que el linaje hebreo continuara. Era un desastre cuando moría un hombre sin haber tenido hijos. Para evitar esto, la ley ordenaba que el hermano del hombre muerto se casara con la viuda y que sus hijos fueran criados como hijos del fallecido. Los niños heredarían sus bienes y llevarían su apellido (Dt. 25:5-6). Onán violó esta ley. Tuvo relaciones con la viuda de su hermano, pero se retiró antes del orgasmo y eyaculó en el suelo, para evitar engendrar hijos para su hermano. Onán fue castigado, no por masturbarse, sino por violar la ley de Dios. Así que el único pasaje que generalmente se emplea como ejemplo de la masturbación en la Biblia no es un ejemplo para nada de masturbación. El motivo por el que este pasaje se usa con tanta frecuencia contra la masturbación es porque no existen otros. Las Escrituras, sin embargo, sí denuncian específicamente la lujuria y la conducta que promovería o reforzaría los pensamientos impuros.

Los peligros de la estimulación propia

Para el adolescente que tiene los impulsos sexuales de la adultez, pero de ninguna manera está preparado para un compromiso matrimonial, la estimulación propia para el alivio sexual parecería ser una fase natural del desarrollo sexual que se deja atrás a medida que se desarrollan las relaciones con el sexo opuesto. Para los adultos, que por diversas razones, permanecen sin pareja, la masturbación parecería servir el mismo propósito. Después de todo, es una gratificación sexual sin las complicaciones de embarazo, enfermedades o rechazo.

Pero si fuera tan sencillo, no habría lucha entre los sentimientos de soledad, vacío y culpa que generalmente se asocian con la masturbación. Estos son sentimientos que parecen describir las respuestas emocionales de la mayoría de la gente a la estimulación propia. Los sentimientos de vacío y aislamiento no deberían sorprendernos cuando consideramos el propósito de Dios para el sexo: Una relación creada como la expresión de un vínculo de por vida entre dos personas comprometidas y que se aman. Entonces, la masturbación es un reemplazo de una relación. Es un sustituto inadecuado para la unidad sexual con una pareja de por vida.

Si bien es tonto suponer que la masturbación puede satisfacer la necesidad de uno de estar cerca de otra persona, tampoco debería ser una fuente de odio hacia uno mismo. Hay muchos asuntos en la vida por los cuales vale la pena luchar, tales como nuestro concepto de Dios y nuestra relación con Él, nuestro perdón hacia los demás y nuestro concepto de nuestra propia valoración. No debemos magnificar el tema de la masturbación de modo que sea fuera de proporción. Una buena medida para una persona que lucha sobre el bien o el mal de la masturbación sería la pregunta: ¿Promueve la lujuria?

Hay peligros en la estimulación sexual propia y tal vez no sean tan evidentes en la superficie y deban ser tratados. Se relacionan con la estimulación propia como un hábito y hay problemas para la persona ahora y para su relación matrimonial futura.

La compulsión

Considere el caso hipotético de Juan, un joven cristiano de veintidós años de edad. Juan está bastante inseguro de sí mismo socialmente. Si bien es competente y exitoso como programador de computadoras y tiene buena aceptación en su pequeño grupo de amigos, lucha contra la duda respecto a sí mismo y una baja autoestima. Como resultado de esos sentimientos, Juan suele ser tímido y replegado en las relaciones y nunca ha salido con mujeres en forma estable. Juan se masturba compulsivamente hasta el orgasmo de dos a tres veces por día. Está profundamente abochornado por su hábito, pero se siente impotente para detenerlo.

Juan ha hallado un escape terapéutico para sus emociones negativas a través de la estimulación sexual propia. En este patrón de escape, se establece un ciclo que conduce a una adicción literal a la masturbación. Este ciclo se ilustra a continuación:

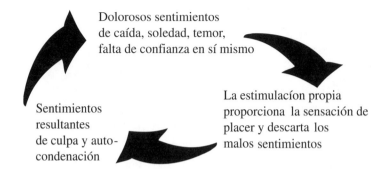

Dolorosos sentimientos
de caída, soledad, temor,
falta de confianza en sí mismo

Sentimientos
resultantes
de culpa y auto-
condenación

La estimulacíon propia
proporciona la sensación de
placer y descarta los
malos sentimientos

Como lo ilustra el diagrama, la compulsión se inicia con el mal concepto propio de Juan y su deseo de un escape de sus sentimientos negativos. El escape es solo por un corto tiempo, por supuesto y deriva en sentimientos de fracaso más profundos, que lo llevan a volverse a escapar a sensaciones agradables.

La solución para Juan no va a residir en una disciplina propia cada vez mayor, apretar los dientes y luchar contra el impulso de masturbarse, sino en aprender a verse a sí mismo como una persona adecuada, digna de ser amada. Parte de la solución implicará aprender a establecer relaciones apropiadas y sanas con mujeres. Necesita permitir que otras personas satisfagan sus necesidades emocionales y acepte los riesgos de entablar relaciones. Al tiempo que hace esto, Juan probablemente encuentre que aminora su compulsión a masturbarse hasta que este método ineficaz e inadecuado de recibir cariño se vea reemplazado por relaciones más satisfactorias con las personas.

Malos hábitos sexuales

Jaime se casó con Patricia cuando tenía veintisiete años. Antes de casarse, se masturbaba varias veces por semana para sentir alivio sexual. Jaime no se sentía bien por esta práctica, pero claramente no era una obsesión para él. Ya que no afectaba su vida de ninguna manera negativa, no pensaba mucho en eso. Sin embargo, después de casados, los recién casados se encontraron con un frustrante dilema. Era claro que Jaime tenía un problema serio con la eyaculación precoz. Le resultaba sumamente difícil retardar su eyaculación durante el tiempo suficiente para que Patricia se sintiera satisfecha sexualmente. Con frecuencia, Jaime eyaculaba durante el juego sexual. La frustración resultante y la vergüenza ocasionaron serios problemas en su joven matrimonio. Si bien él no se daba cuenta en ese momento, el problema de Jaime era el resultado de su patrón de masturbación anterior.

Por lo general, un hombre y una mujer no llegan al orgasmo al mismo ritmo. Una lucha común, especialmente para los maridos nuevos, es desacelerar su proceso de excitación para permitir que sus esposas también alcancen un clímax. Una persona que se ha masturbado consistentemente ha desarrollado algunos malos hábitos, siendo el motivo que en la estimulación propia no hay otras consideraciones más que la satisfacción de uno. Puesto que el propósito es el alivio sexual, la meta en la masturbación es habitualmente alcanzar un clímax lo antes posible. Esto comúnmente deriva en un patrón de eyaculación precoz luego del matrimonio.

A la eyaculación precoz pocas veces se la considera una disfunción sexual seria y no es difícil de tratarla en terapia. Sin embargo, puede ser sumamente frustrante para una pareja y puede ser la fuente de mala comunicación y resentimiento. Las relaciones sexuales prematrimoniales, debido a que el enfoque está en la satisfacción propia, por lo general derivan en el mismo problema de eyaculación prematura. Las mujeres que se masturban compulsivamente experimentan con frecuencia excitación sexual inhibida.

El problema de la aceleración

Otro peligro de la masturbación es inherente a casi toda actividad sexual: La tendencia a incrementar la conducta cuanto más se la practica. En otras palabras, más lo hace uno, más quiere hacerlo. La masturbación no funciona como un alivio de la presión sexual a largo plazo; en realidad es justamente lo opuesto. Si bien una persona puede experimentar cierto alivio de la presión sexual inmediatamente después de la masturbación, la actividad sexual por lo general conduce a un impulso sexual incrementado. Así que la estimulación propia, como sucede con otras actividades sexuales tales como las relaciones o las caricias sexuales, suele atraer a la persona a una mayor actividad.

Si la meta es reducir la presión, sería más útil redirigir la atención mental y emocional de uno a algún otro interés. Esto significa mirar hacia fuera, entablar relaciones, con hombres o con mujeres, que sean sanas y cercanas, pero no sexuales. También significa desarrollar intereses y pasatiempos que fortalezcan la autoestima, la satisfacción propia y un sentimiento de éxito. Lo más importante es que significa evitar la exposición a material que excite sexualmente: literatura pornográfica, televisión o películas sexualmente sugerentes y otros materiales que hacen aumentar el deseo sexual. En nuestra cultura actual probablemente sea irreal pensar que podemos eliminar por completo dicha información de nuestra vida. Sin embargo, mucho puede evitarse, a través de un pequeño esfuerzo. A la larga, las sugerencias anteriores son formas más eficaces de reducir la tensión sexual que la masturbación.

Permítame resumir lo que he dicho sobre los temas de la masturbación:

- No se consuma por condena propia. Mientras que la masturbación está lejos de ser la mejor expresión de vínculo sexual, no es el pecado imperdonable. No lo enfermará mentalmente, no lo convertirá en perezoso ni en homosexual.
- La masturbación no siempre resolverá sus sentimientos de soledad, temor o falta de adecuación. No es un sustituto de la cercanía de las relaciones.
- La práctica indiscriminada de la masturbación puede conducir a hábitos físicos y mentales que deberán romperse para disfrutar de una sana relación matrimonial.
- La masturbación no es un atajo de nada; es una liberación sexual de corto plazo sin una pareja.

Mantener la virginidad técnica, ya sea a través de caricias sexuales o masturbación, con frecuencia es destructivo y nunca ayuda a desarrollar una relación. Ambas conductas promueven confusión, frustración y culpa, especialmente en quienes quieren seguir la norma bíblica de la pureza sexual.

Si tuviera reservaciones a las ocho en un restaurante de cuatro estrellas, ¿iría a comer a un lugar de comida chatarra a las siete? Lo más probable es que no querría arruinar su apetito; consideraría que el gozo y la ceremonia de la cena en el elegante restaurante bien vale la pena la espera. Del mismo modo, Dios le ha otorgado "cuatro estrellas" al matrimonio y Él nos ha diseñado para que podamos satisfacernos solo dentro de su exclusividad.

Acercándonos

1	2	3	4	5	6	7	8	9	10
Sumamente								**Perfectamente**	
incómodo								**en paz**	

1. Coloque una X en la escala para indicar cuán cómodo se siente, o se ha sentido en el pasado, con sus relaciones físicas con el sexo opuesto.
2. ¿Dónde cree que su pareja colocaría su marca?
3. ¿Qué cambios específicos deberían suceder para que usted colocara su marca en el número 10?
4. ¿Cómo haría esos cambios?

Los pensamientos de Karlyn

Decisión estándar

Use su imaginación por un segundo. Sitúese en el futuro e imagínese sentado en su sillón con su futuro marido o su futura esposa. No la persona con la que está saliendo ahora. Simplemente imagínese que todos sus planes presentes se desmoronan y no termina casándose con la persona con la que está saliendo o con quien está comprometido ahora. La persona sentada a su lado en su mente es su esposo o esposa.

Usted está tan enamorado de esa persona que no puede creer que alguna vez se enamoró de alguien más. Esta relación ha sido correcta desde el principio y ahora van a dedicar el resto de la vida de cada uno juntos. Pero primero hay algo que debe hacer. Tiene que decirle a esa persona qué ha hecho con cada otra persona con la que alguna vez salió. Todo. ¿Esa perspectiva lo pone nervioso? Descompuesto, ¿tal vez? El motivo por el cual la virginidad técnica es un tema en las relaciones cristianas se debe a que aunque la gente entienda que se supone que se guarden el sexo para el matrimonio, todo lo que conduce a la relación sexual es tan divertido que no es excitante guardarlo para después. Es demasiado difícil. Lleva mucho tiempo negarse el placer que ambos desean. ¿Realmente vale la pena? Su respuesta a esa pregunta depende de cuál sea su norma para involucrarse físicamente. ¿Sabe cuál es su norma? Es algo así: "Ah… no lo sé… lo que me haga sentir bien…" Es difícil encontrar una norma para limitar la intimidad física. Lo sé, he intentado toda norma en la que pude pensar. Intenté no besar hasta estar comprometido (no lo logré), observar una serie de reglas (no funcionó), detenernos cuando creíamos que habíamos llegado demasiado lejos (no sucedió) y hacer cualquier cosa que se sintiera bien en el momento (siga soñando). La buena noticia es que finalmente encontré una norma que sí funciona; la noticia no tan buena es que lleva mucho esfuerzo y resolución de ambas partes. Esta es la norma: Cuando tiene que mirar a los ojos a su marido o a su esposa y decirle lo que hizo con otra persona, ¿con qué se sentiría bien revelando? Eso es lo que puede hacer. Esa es su norma.

¿Suena difícil? Lo es. Pero la mayoría de nosotros finalmente vamos a prometer nuestra vida a alguien. Usted va a querer amar a esa persona con todo lo que tiene; no con todo lo que le reste. Prometerá pertenecer a esa persona por el resto de su vida, ¡su cuerpo en realidad le pertenece a alguien! Si lo mira de ese modo, usted está solo de préstamo a quien sea con el que esté saliendo ahora. El respeto que usted se merece no es solo para usted, sino también para su futuro cónyuge. "Así también los maridos deben amar a sus mujeres como a sus mismos cuerpos. El que ama a su mujer... por esto dejará el hombre a su padre y a su madre, y se unirá a su mujer, y los dos serán una sola carne" (Ef. 5:28, 31). Usted se va a volver una sola carne con su esposo o esposa. La persona que peca sexualmente en su contra está también pecando respecto de su futuro cónyuge.

¿No es ese un incentivo suficiente para guardarse usted y su novio o novia un poco más mañana por la noche? Piénselo de este modo. Chicas, ¿quieren mirar a los ojos de su futuro esposo y decirle el cuerpo de quién permitieron que estuviera sobre el suyo propio a las dos de la madrugada mientras se besaban? Muchachos, ¿quieren explicarle a su futura esposa por qué tocaron los pechos de otra joven o deslizaron su lengua dentro de la boca de otra mujer?

La norma que he sugerido aquí no es la más fácil de cumplir. Para tener éxito, tienen que comprometerse, como pareja, a trabajar juntos y a hacer, o no hacer, lo que sea necesario para que suceda. Eso parece que dependerá de usted, pero aquí hay algo que ha sido invalorable para mí: Acuda a una pareja cristiana que respete, preferiblemente una pareja del ministerio y pídanles que los haga responsables a los dos. Acudan a ellos periódicamente para obtener consejos. Mantenga las líneas de la comunicación totalmente abiertas con ellos y entre ustedes. Hablen uno con el otro todo el tiempo, acerca de todo lo que estén pensando. Decidan no mentir. No les oculten a sus mentores nada de lo que están haciendo. Si tienen que mentir acerca de lo que está sucediendo, saben que está mal. Pero lo más importante es determinar amar a la persona con la que está saliendo tanto que quiera proteger su futuro por encima del deseo de su placer. Esto se llama amor verdadero.

¿Qué sucedería si metió la pata en el pasado y ya se siente enfermo acerca de lo que tendría que describirle a su futuro cónyuge? Comience hoy día. No es demasiado tarde. Usted no es un fracaso, incluso si lo ha hecho "todo menos" o incluso todo, en todas sus relaciones anteriores y en su relación actual. Dios puede hacerlo sentir limpio de nuevo. Él está tan ansioso por ayudarlo a tener éxito como lo está para ayudar a la persona que nunca besó a nadie. Sin embargo, usted tiene la tarea más ardua. Usted tiene que colocar su pasado en el pasado y mantenerlo allí. Ha decidido convertirse en una nueva persona y la antigua persona ya no forma parte de quién es usted. Sí, va a tener que demostrarle eso a su marido o a su esposa más adelante, pero podrá decirle a esa persona que empezó de nuevo porque su amor por ella lo colocan por encima de sus otros noviazgos.

Esta será su mayor tentación: Querrá decir: "Bueno, yo he hecho esto con tal y tal, así que no es que me esté guardando algo que no haya entregado todavía". ¡No lo haga! Usted es una persona nueva, tiene una segunda oportunidad y todo es nuevo otra vez. Sí, va a ser más difícil para usted porque sabe lo que se está perdiendo, pero su recompensa será mucho más dulce al superar las tentaciones.

¿Cuál es la recompensa por todo esto? El triunfo de vencer sus propios sueños. La elación que sentirá cuando recuerde y vea por lo que ha pasado. La fortaleza interior nacida solo de la victoria que durará mucho más que una única noche de placer. Usted ya sabe que el dolor que llega al dar demasiado de sí. No tiene por qué volver a pasar por eso. Luchar contra y vencer este tipo de tentación va a ser mucho más satisfactorio que esos placeres fútiles.

¡Está dispuesto a tomar esta decisión? Cómo responda podría determinar si sus relaciones viven bien... o mueren.

6

adicción sexual

Este capítulo no trata sobre la conducta pecaminosa, si bien la conducta pecaminosa será abordada. No es sobre la indulgencia en el sexo, si bien el sexo está por cierto involucrado. Este capítulo se ocupa de una enfermedad de la mente y del espíritu que por su propia naturaleza evita que las personas se pongan bien. A diferencia de una enfermedad física, en esta enfermedad la persona afectada es personalmente responsable tanto de los síntomas como de la cura. Es una enfermedad a la cual los cristianos no son inmunes. Es una adicción, una adicción a la lujuria. Tanto hombres como mujeres están igualmente sometidos a la adicción sexual, pero he elegido usar los pronombres masculinos en este capítulo solo para preservar la continuidad de la oración.

Piense un instante acerca de la adicción química. Cuando una persona es adicta al alcohol o a cualquier otra droga, esa droga se convierte en una preocupación. El adicto hará todo lo posible por satisfacer su ansia por ella. La sustancia se convertirá cada vez más importante que la familia, los amigos o el trabajo. Finalmente, se necesita la droga para sentirse normal. La vida del adicto se vuelve inmanejable mientras que las relaciones importantes se sacrifican por la adicción.

Ahora transfiera este concepto de adicción al campo sexual y estamos hablando de adicción sexual. Una definición clínica es "una relación patológica con una experiencia de cambio de ánimo que se vuelve el punto central de atención".[1] El juicio de un adicto se ve significativamente alterado y él persigue su adicción a pesar de las graves consecuencias negativas.

¿solo demasiado sexo?

Antes de que Esteban se casara, su reputación era la de un don Juan. Era buen mozo y atlético y no tenía problemas en encontrar mujeres que quisieran pasar tiempo con él. Invariablemente, sus relaciones eran cortas y sexuales. Para Esteban, la perspectiva de una conquista lo llenaba de entusiasmo y parecía tener poco deseo por una relación que fuera más allá de involucrarse físicamente. Muchas de sus relaciones eran con mujeres que, de hecho, le gustaban particularmente. Sus amigos se asombraban por su habilidad de tener otra novia haciendo fila cada vez que se disolvía una relación.

Interiormente, Esteban con frecuencia ansiaba una relación que fuera más que sexual. Por momentos sus sentimientos de soledad eran abrumadores. Decidía periódicamente que con la próxima mujer avanzaría más lentamente, sería menos agresivo físicamente, pero nunca cambió. Siempre siguió el mismo patrón y sus relaciones nunca duraron mucho. Después de involucrarse sexualmente con una mujer, pronto se sentía encerrado y quería escapar.

A veces, pasaba por la cabeza de Esteban que podía estar equivocado, pero rápidamente desechaba ese pensamiento. Racionalizaba su conducta pensando que era simplemente naturalmente cariñoso y que tenía un impulso sexual muy fuerte. Lo último parecía confirmarse por su necesidad de masturbarse a pesar de haber tenido relaciones sexuales.

Cuando Esteban conoció a Ana, algo pareció cambiar. Se sentía diferente hacia ella con relación a cualquiera de sus novias anteriores. Si bien aún gozaba de su relación sexual, su deseo de estar con ella era más fuerte que lo que había sentido por cualquier otra joven. Luego de diez meses de noviazgo estable, Esteban y Ana se casaron.

Luego de la boda, Esteban prometió dedicarse a Ana por completo. Sin embargo, al cabo de unas pocas semanas comenzó nuevamente a masturbarse. Su trabajo se había vuelto más estresante y Esteban usaba el estrés para justificar su necesidad de "alivio", como él lo llamaba. A los seis meses de su boda, Esteban comenzó a visitar en secreto librerías para adultos y salones de masajes. Si bien se sentía profundamente culpable, se recordaba a sí mismo sobre su fuerte impulso sexual y llegaba a la conclusión de que el gesto de mayor amor era no cargar a Ana con ello. Al poco tiempo visitaba a prostitutas casi semanalmente.

Luego del nacimiento de su hijo, Michael, las relaciones sexuales de Esteban y Ana se apaciguaron durante varios meses. Si bien su frecuencia de relaciones sexuales se reanudó, Esteban pasó dos años justificando su compulsión diciéndose a sí mismo que necesitaba un alivio y que su mujer no estaba disponible.

Para ese entonces Esteban estaba viviendo en dos mundos completamente diferentes. Uno era un mundo de habitaciones de motel barato, librerías para adultos y sucios salones de masajes. El otro era una familia cálida, amorosa que quería estar cerca de él. Esteban era consciente de su sentimiento de soledad incluso cuando estaba con su esposa y su hijo. Mientras era soltero, la división entre su adicción y el resto de su vida no era tan grande. No estaba realmente cerca de nadie y su conducta adictiva era normalizada e ignorada por una cultura permisiva. Su profundo sentido de aislamiento estaba oculto en la actividad sexual.

Esteban tenía una capacidad natural para hablar y las personas confiaban naturalmente en él. Este don lo hizo muy exitoso en su trabajo de ventas y lo ayudó a cubrir su comportamiento compulsivo. Pronto se encontró atrapado en una red de mentiras y excusas engañosas. Le mentía a su jefe sobre reuniones de ventas a las que no había asistido porque estaba buscando prostitutas. Le mentía a Ana cuando llegaba tarde por visitar un negocio porno. Una vez un cliente mencionó una de las citas faltantes con Ana y descubrieron que Esteban le había dicho a cada uno una historia diferente respecto de su paradero. A través de una compleja serie de excusas, Esteban pudo salvarse incluso de esa situación. Para ese entonces se había convertido en un mentiroso hecho y derecho. Esteban era consciente de que se había vuelto compulsivo en formas en que no quería serlo.

Su mayor temor era que si alguien descubría lo que sucedía sería totalmente rechazado y perdería todo lo que valoraba.

Una vez, mientras hacía las compras con Ana, Esteban se detuvo en un baño específicamente para masturbarse. Fue en ese momento que comenzó a reconocer su enfermedad. Tenía una esposa atractiva y cariñosa disponible para él. Y sin embargo, elegía tener sexo consigo mismo. Esta fue la primera grieta en su coraza de negación. Varias veces al contemplar su situación lloró de vergüenza y se lamentó. Se prometió que se detendría, pero al poco tiempo se involucraba de nuevo, a veces el mismo día en que había tomado esa resolución.

Esteban leyó en el periódico que un comando policial había hecho un allanamiento en un teatro porno que él frecuentaba. Había estado allí justo dos días antes del allanamiento y la noticia lo hizo temblar. Prometió no volver a asistir a otro espectáculo porno. Al cabo de un mes, volvía al mismo teatro.

El momento de decisión llegó luego de un examen físico para el trabajo, cuando le diagnosticaron herpes genital. Ana estaba destruida. Esteban le dijo que debía haber sido el resultado de un incidente impulsivo en una convención varios meses antes. Le prometió que fue un error que nunca volvería a suceder. Ana dijo que necesitaba tiempo para pensar y se llevó a Michael, su hijo lejos, para meditar. Mientras estaba allí, pensó mucho en los patrones de su matrimonio y sobre las excusas continuas de Esteban. Hizo llamadas telefónicas a varios de los amigos y compañeros de trabajo de Esteban, y luego de atar algunos cabos, llegó a la conclusión de que Esteban le había estado mintiendo desde hacía mucho tiempo.

Cuando Ana llegó a su casa, le presentó un ultimátum a Esteban: O buscaba consejería o ella lo abandonaría. Esteban estaba aterrorizado de revelar su vida secreta, incluso a un consejero, pero el costo de su compulsión ahora era demasiado grande. Acordó asistir a terapia.

Esteban dedicó dos años a la terapia individual y en grupo. Durante ese tiempo, descubrió que muchas personas tenían su problema. Con la ayuda del terapeuta, de sus nuevos amigos y el apoyo de su esposa, Esteban pudo ver las cosas de manera muy diferente. Descubrió una relación con Jesucristo que nunca pensó que sería posible. La fortaleza que encontró allí le dio el valor de hacer cambios. Nunca fue fácil y su sanidad aún está en proceso. Ahora, la vida secreta de Esteban es más un recuerdo triste que un temor aterrorizante. En la situación de Esteban, él estaba dispuesto a sacrificarlo todo por la satisfacción sexual. Repetidas veces ponía en riesgo su trabajo, su matrimonio, su familia, sus amigos y el respeto propio. Se prometía continuamente que cambiaría, que nunca volvería a suceder. Sin embargo, se encontraba a sí mismo mintiendo más y más para cubrir su conducta. A veces le perdía el rastro a la verdad real a causa de sus muchas mentiras. Y su vida con frecuencia estaba al borde del desastre debido a su conducta. Sufría mucho y estaba intensamente solo. Si bien era consciente de que su actividad sexual aumentaba su dolor, continuaba con ella.

El doctor Patrick Carnes, en su libro *Out of the Shadows* [Fuera de las sombras], describe el problema:

El adicto usa o más bien abusa, de uno de los momentos más excitantes de la experiencia humana: El sexo. Se intensifica la excitación sexual. Se altera el ánimo del adicto mientras entra en el trance obsesivo. Las respuestas metabólicas son como un recorrer el cuerpo mientras la adrenalina apura el funcionamiento del cuerpo. El corazón palpita mientras el adicto se centra en su objeto de búsqueda. El riesgo, el peligro e incluso la violencia son las etapas finales. Uno siempre puede incrementar la dosis de la intoxicación. Efectivamente, la preocupación entierra el dolor personal del remordimiento y el arrepentimiento. El adicto no tiene que actuar siempre. Con frecuencia con solo pensar en ello se siente aliviado.

Los paralelos de búsqueda de excitación por parte del adicto sexual son otros tipos de adictos compulsivos obsesivos. En ese sentido, hay poca diferencia entre el *voyeur* que espera durante horas al lado de una ventana para noventa segundos de desnudez y el jugador compulsivo en una apuesta larga. Lo que diferencia al adicto sexual es que se apoya en las emociones humanas generadas por el cortejo y la pasión.[2]

El aspecto más atemorizante del problema de Esteban era que nadie sospechaba. Ninguno de sus amigos o compañeros de trabajo hubieran imaginado que Esteban llevaba una vida secreta. Se había convertido en un experto en cubrir los hechos.

Negación

Un factor principal que permite que un adicto continúe con una adicción es un mecanismo de defensa denominado negación. La negación es más compleja que solo decir una mentira. La negación es la capacidad de la persona para distorsionar la realidad hasta que nadie reconozca el problema, incluyendo al mismo adicto. La negación se logra de muchas maneras. Racionalizar, justificar e ignorar el problema se vuelve tan habitual que la negación puede parecer y sentirse como una realidad. A continuación hay una lista de racionalizaciones comunes usadas por los adictos sexuales para ocultar su problema, incluso para ellos mismos:

- Todo el mundo lo hace, solo que de maneras diferentes.
- Si solo mi esposa estuviera más interesada en el sexo.
- Lo que él, ella, ellos no sepa(n) no lo (los) lastimará.
- Cualquiera haría lo mismo si estuviera en mi situación.
- Se acumula la presión y necesito aliviarme.
- No pude detenerme, debido a lo que estaba haciendo ella.
- En realidad todas las mujeres lo quieren, solo juegan.
- Después de todo, el sexo es el impulso más fuerte del hombre.
- Realmente nadie sale herido.

Debido a que el adicto cree sinceramente en sus excusas, cada vez se separa más de la realidad. Habitualmente una crisis intensa, tal como un arresto o un divorcio, es necesaria para sacudir al adicto de su sistema de inconsciencia. Cuando nadie en la vida del adulto es conciente del problema o le preocupa, o es lo bastante valiente para dar inicio a esa crisis, el problema por lo general sube de intensidad.

El adicto se torna en un manipulador increíblemente eficaz, en gran parte porque aprende a creer en sus propias mentiras. En el caso de Esteban, Ana ocasionalmente sospechaba. A veces, cuando llamaba a la oficina él se había ido durante horas sin dar mayores explicaciones. En varias oportunidades, el dinero que gastaba en gasolina superaba en mucho la cantidad que habían presupuestado. Cuando Ana enfrentaba a Esteban, él salía con una historia elaborada y detallada. Si ella expresaba cualquier duda, Esteban se enojaba. Él se convenció a sí mismo de que ella dudaría de él incluso si fuera sincero; por lo tanto, era problema de ella.

Respondía a sus preguntas acusándola de algo. Cuando ella daba su explicación, Esteban comparaba su excusa con la suya y la acusaba de ser paranoica. Puesto que esto sonaba a cierto, Ana comenzaba a sentirse fuera del camino y terminaba pidiendo disculpas. Entonces, Esteban estaba convencido de que su esposa tenía un problema.

Con cada paso en el proceso, Esteban se sintió cada vez más maltratado y mal juzgado. Su punto central cambiaba de lo que se había dicho a cómo se sentía, lo que distorsionaba aún más la realidad. Puesto que se sentía injustamente acusado y actuaba como si fuera inocente, lo que seguía era que Ana estaba siendo irracional y por lo tanto, ella era la que tenía el problema. Sus disculpas se convertían en prueba de ello.

El caso de Esteban era característico en cuanto a que proyectaba la culpa sobre los demás. Para poder continuar con su adicción, el adicto debe encontrar formas, aunque ilusorias, de atribuir sus problemas a los demás. Cuando un adicto pierde su trabajo debido a las quejas de sus compañeros, la excusa es que al jefe no le gusta o que los negocios no van bien. Cuando un adicto contrae una enfermedad de transmisión sexual, no es gran cosa porque "todos se la contagian alguna vez". Cuando se termina una relación debido a su conducta sexual inadecuada, es porque "ella no pudo manejar la relación".

Del mismo modo, la masturbación compulsiva, la pornografía, la prostitución, el exhibicionismo y docenas de otras preocupaciones disfuncionales se racionalizan como normales y sanas. El problema se incrementa hasta que se produce una crisis en la que el adicto no puede racionalizarlo.

El problema ha sido bien descrito por adictos sexuales recuperados. La siguiente descripción ha sido tomada de una publicación de Sexólicos Anónimos, una organización de grupos de apoyo para adictos sexuales en recuperación:

Muchos de nosotros nos sentimos inadecuados, indignos, solos y temerosos. Nuestro interior nunca coincidió con lo que veíamos en los demás. Al principio, llegamos a sentirnos desconectados de los padres, los pares, de nosotros mismos. Nos aislamos con la fantasía y la masturbación. Nos enchufamos bebiendo en las películas, las imágenes y persiguiendo los objetos de nuestras fantasías. Sentimos lujuria y queremos ser objeto de lujuria después.

Nos convertimos en verdaderos adictos: Sexo con uno mismo, promiscuidad, adulterio, relaciones dependientes y más fantasía. Lo obteníamos a través de los ojos, lo comprábamos, lo vendíamos, lo intercambiábamos, lo entregábamos. Éramos adictos a la intriga, al engaño, a lo prohibido. La única forma en que sabíamos cómo liberarnos era hacerlo. "Por favor conéctate conmigo y complétame", clamábamos con los brazos abiertos. Con lujuria después de la gran relación, les entregábamos nuestro poder a los demás.

Esto producía culpa, odio hacia uno mismo, remordimiento, vacío y dolor y éramos impulsados hacia adentro para siempre, fuera de la realidad, fuera del amor, perdidos dentro de nosotros.

Nuestro hábito imposibilitaba la intimidad. Nunca podíamos saber si teníamos una unión real con otra persona porque éramos adictos a lo irreal. Íbamos en busca de la "química", la conexión que tenía la magia, porque pasaba por encima de la intimidad y de la verdadera unión. La fantasía corrompía lo real; la lujuria mataba al amor.

Los primeros adictos, luego mutilados de amor, tomamos de otros para llenar lo que nos faltaba a nosotros. Diciéndonos una y otra vez que la próxima relación nos salvaría, en realidad estábamos perdiendo nuestra vida.[3]

Malas creencias básicas

La raíz del sistema adictivo reside en una serie de creencias falsas que sostiene el adicto. Estas suposiciones falsas lo impulsan hacia la preocupación con el sexo. Cada mala creencia refleja el concepto propio del adicto y lo conduce a una distorsión de la realidad. Las cuatro malas creencias son:

1. Básicamente, soy una persona mala, indigna.
2. Nadie me amaría tal como soy.
3. Los demás nunca satisfarán mis deseos.
4. Mi necesidad más importante es el sexo.

Cada una de estas malas creencias está enraizada en la vida temprana familiar del adicto. Estas raíces llegan de nuevo en mensajes confusos y mentiras acerca del amor, la aceptación y la valoración propia de los padres, los pares y otras personas significativas. Tratar estas raíces va más allá del alcance de este libro. Para nuestros propósitos, basta decir que la condena propia básica y la desconfianza en las relaciones dan inicio al ciclo de pensamiento discapacitado que promueve la adicción sexual. La conducta compulsiva resultante a su vez fortalece estas malas creencias. El proceso se desarrolla del siguiente modo:

La primera mala creencia, básicamente soy una persona mala, indigna, es el núcleo de los conceptos propios de estas personas. Se ven a sí mismos como inadecuados y fracasados, y esperan ser vencidos. La mayor parte de esta gente ha desarrollado una máscara de conducta apropiada para ocultar sus profundos sentimientos de desvalorización. Recorren un largo camino para ocultar estos sentimientos a los demás, debido a su segunda creencia.

Nadie me querría tal como soy. Esta mala creencia aísla al adicto. Se torna muy importante ocultar los temores e inseguridades para evitar el rechazo y el abandono. Si bien interiormente los adictos suponen culpa por todo lo que vaya mal (basado en la primera mala creencia), no son libres de adoptar mucha culpa o de expresar remordimiento, por temor al rechazo. Por ende, se vuelve imposible estar emocionalmente cerca de otra persona. Con frecuencia retratan una imagen de no equivocarse nunca ni de ser vulnerables de ningún modo. Esta imagen además los aísla de relaciones cercanas. La tercera mala creencia, nadie podrá satisfacer mis necesidades, es el alimento para la adicción. Puesto que el adicto está convencido de que nadie lo querrá, lo que sigue naturalmente es que sus necesidades de cariño, aceptación y amor no serán satisfechas por los demás. Por lo tanto, debe satisfacer esas necesidades solo. No puede relajarse y confiar en una relación puesto que es totalmente responsable de su propio cariño. En consecuencia, se vuelve manipulador y controlador. La ironía es que debe aparentar ser altruista, moral y benevolente a fin de evitar el rechazo. Al mismo tiempo debe manipular egoístamente a las personas para que satisfagan sus necesidades. El adicto se convierte en el amo de la doble vida. Lo que experimenta internamente y lo que expresa exteriormente se vuelve cada vez más incongruente. Su temor a ser descubierto se desarrolla en una creciente paranoia.

La cuarta creencia equivocada, mi necesidad más importante es el sexo, sirve para focalizar la tensión que ocasionan las otras creencias en la dirección de la expresión sexual. En la niñez, el adulto comenzó a buscar algo para aliviar el dolor de las necesidades emocionales no satisfechas. Descubrió las sensaciones sexuales como algo dentro de su control que transitoriamente calmaba el dolor emocional. De esta manera el amor, la aceptación y el cariño se traducían en sexo. El adicto sexual es sumamente miedoso de vivir sin sexo puesto que eso significaría vivir sin amor ni cuidados. Puesto que es únicamente responsable de satisfacer esta necesidad, está obsesionado con el sexo.

El resultado de estas falsas creencias es la adicción. Las tres creencias falsas derivan en sentimientos de desesperación y pérdida de control. Cuando un adicto se comporta de cierta manera sexualmente, recibe una sensación placentera (alivio) seguida de sentimientos de intensa vergüenza. Esta vergüenza refuerza las primeras tres creencias falsas e impulsa al adicto hacia un mayor comportamiento sexual. El adicto dice: "Si las cosas que creo sobre mí son ciertas, no puedo cambiar". La última creencia falsa da un sentimiento de control, en cuanto a que siente que puede controlar la satisfacción de su necesidad sexual. La masturbación, las relaciones sexuales y visitar a prostitutas son métodos de control, sobre todos los cuales el adicto se siente culpable.

Surge una paradoja. La actividad sexual nunca satisface esas necesidades, pero el adicto cree que sí. El resultado es una intensificación y aceleración de las conductas sexuales que presumiblemente satisfarán esas necesidades. Esta intensificación puede dividirse en tres niveles de comportamiento sexual.

Niveles de comportamiento adictivo

Es importante comprender que las conductas que aquí se tratan no son automáticamente un indicio de adicción sexual. La conducta sexual inapropiada no es necesariamente una adicción. Algunas personas practican comportamientos sexuales que lamentan y sin embargo, continúan. Estas personas no son necesariamente adictas. El adicto es una persona cuya vida está fuera de control debido a la preocupación constante por actividad sexual. El adicto no es simplemente una persona con un problema sexual; es una persona con una obsesión sexual.

Es importante advertir, también, que la adicción en uno de los siguientes niveles no predice necesariamente una progresión al siguiente nivel. Algunos adictos practican únicamente conductas del primer nivel y nunca avanzan a actividades más serias. Lo común entre los adictos es que la conducta es compulsiva y fuera de control. El comportamiento sexual se ha convertido en el centro de la rutina diaria del adicto, a pesar de todo riesgo implícito. Muchos matrimonios, familias y hasta vidas han sido arruinados por el comportamiento compulsivo del primer nivel.

Si bien una persona adicta al nivel 1 puede no progresar al nivel 2 o al 3, es muy dudoso que lo opuesto sea cierto. Un adicto en el nivel 2 o 3 era inevitablemente compulsivo en el nivel 1. En este sentido, los niveles representan una progresión.

Las conductas del nivel 1 no están clasificadas como ilegales o bien se hace referencia a ellas como a delitos sin víctimas. Nuestra sociedad ha decidido que son tolerables y en algunos sectores, aún normales. Son conductas que fácilmente se vuelven compulsivos y que conforman la base de los delitos sexuales de los niveles 2 y 3. Las conductas del nivel 1 incluyen masturbación compulsiva, prostitución, pornografía, homosexualidad y aventuras extramatrimoniales. Los comportamientos del nivel 1 pueden también comprender relaciones que son compulsivamente sexuales por naturaleza. Las exigencias sexuales egoístas crónicas que son desagradables o insensibles para la pareja también pueden incluirse en el nivel 1. En general, un adicto no se limita a una conducta en particular, sino que participa en muchas.

Las conductas del nivel 2 son claramente ilegales e involucran a una víctima. Las posibles consecuencias de ser atrapado forma parte de la excitación sexual. Si bien nuestro sistema legal prohíbe estas actividades, nuestra sociedad generalmente ve con lástima a los acusados. Son vistos como un inconveniente más que una amenaza y las penas legales son relativamente menores. Si bien hay claramente víctimas de estos delitos, no se inflige daño físico. Estas conductas incluyen exhibicionismo, voyeurismo, llamadas telefónicas obscenas y libertades indecentes, tocar a otra persona de manera íntima sin su consentimiento.

Las conductas del nivel 3 son delitos graves. El daño y las heridas a la víctima son significativos. Si bien puede practicarse una laxitud dentro del sistema legal en algunos de estos casos, por cierto esa no es la actitud aceptada. En general, nuestra sociedad tiene poca paciencia para criminales de esta categoría. Cometen delitos significativos con consecuencias profundas, incluyendo abuso de menores, incesto, violación y violencia.

Reconocer las primeras etapas

¿Cómo puede una persona reconocer la compulsión sexual mientras esta se desarrolla? La dificultad es que gran parte de la compulsión es interna. El individuo adicto debe ser sincero consigo mismo y luchar contra la tendencia a la negación. Una persona que pueda hacer esto también tiene la potencialidad para tratar la compulsión sexual antes de que alcance una etapa adictiva; muchas personas no pueden hacerlo. A continuación se mencionan pautas para la evaluación de la conducta compulsiva:

1. La conducta sexual se usa para cambiar el estado de ánimo de uno en lugar de expresar afecto íntimo. Cuando el propósito del sexo es el de evitar sentimientos negativos o cuando se convierte en fuente de sentimientos dolorosos, es una señal del proceso adictivo.

2. La conducta sexual crea dolor o problemas para el individuo o para los demás. Degradarse o explotar a otras personas es un síntoma de adicción sexual.

3. El comportamiento debe mantenerse en secreto. La conducta que no puede decirse a otra persona indica culpa y vergüenza y conduce a una doble vida.

4. Las relaciones involucradas están vacías de compromiso. Esto se debe a que el adicto usa el sexo para evitar una relación genuina.

Las anteriores son señales de advertencia, e indican una creciente compulsión sexual. Son únicamente útiles para la persona que está dispuesta a ser dolorosamente sincera consigo misma.

¿Mi pareja es un adicto?

Esta pregunta es válida y merece algunas respuestas directas. Lo que sigue son señales que podrían indicar una adicción o una obsesión peligrosa. No deben tomarse a la ligera ninguna de estas señales de advertencia.

Cuando siente continuamente que su pareja se aprovecha sexualmente de usted, estos sentimientos, independientemente de cómo los justifique usted, son una señal de peligro. Indican un desequilibrio en la relación. Darse cuenta de que está cediendo sus propios valores o que está sacrificando partes importantes por el bien de la satisfacción sexual de su pareja es otra señal importante. Indica que la relación está inclinada hacia un lado y que el sexo es el punto principal.

Es importante manifestar estos sentimientos de ser usado o aprovechado con su pareja. Si su pareja minimiza o no presta atención a sus sentimientos, es un indicio de que sus necesidades emocionales son consideradas insignificantes en comparación con las necesidades físicas de su pareja. A estas alturas resulta claro que su pareja está permaneciendo en la relación por intercambio de sexo. Deben realizarse cambios significativos para poder tener una relación saludable.

Otras señales de advertencia incluyen mentiras crónicas sobre relaciones o conducta cuestionable, justificación o racionalización constante de conductas sexuales inadecuadas, actividades que siempre parecen estar dirigidas hacia ceder sexualmente o a situaciones de seducción.

Todas estas son señales que indican una adicción sexual. Si estas señales están presentes, con o sin una adicción real, hay señales claras de una relación muy enferma.

¿Hay esperanza?

Así como esta imagen puede resultar desesperante, hay esperanzas para el adicto sexual. Hay perdón y sanidad en una unión con Dios en la cruz. Hay personas cariñosas que pueden ayudar. También hay adictos sexuales que han superado su compulsión y quieren dar a conocer su victoria a otras personas que sufren. Pero el adicto individual debe dar el primer paso y allí es donde reside la principal dificultad.

La negación, la racionalización y lo secreto son una parte intrincada de este desorden. Es un hecho triste que la mayoría de los adictos no comprendan la profanidad de sus problemas hasta que la vida se desmorona. Arresto, divorcio, abandono, daño personal y pérdida de trabajo son crisis que motivan al adicto a buscar la recuperación.

Hay una ironía en las relaciones cercanas del adicto. Los más cercanos a él con frecuencia hacen más daño en su intento por ayudar. El cónyuge, los padres y los amigos protegen sin saberlo al adicto del desastre. Con frecuencia justifican, excusan, niegan y mienten por el adicto para protegerlo de las consecuencias de su comportamiento. Puede que elijan no enfrentar una conducta inapropiada. Repetidas veces aceptan excusas poco firmes por acciones irresponsables y compromisos rotos. Suministran coartadas para los empleadores, hijos y otras personas que experimentan las consecuencias de la conducta del adicto. Al evitar una crisis quitan la motivación principal para el cambio. Esto solo perpetúa el problema al ayudar al adicto a aferrarse a una ilusión de normalidad. Hasta que el adicto no sienta todo el efecto de sus actos, hay muy pocas posibilidades de que busque ayuda. Retirar el apoyo protector es la acción más difícil y a la vez más importante que puede hacer un ser querido.

El primer paso hacia la recuperación es que el adicto admita su desvalidez y que luego busque ayuda. El proceso de recuperación para el adicto gira alrededor de reconocer y comprender las cuatro falsas creencias mencionadas anteriormente que destruyen la realidad. Deben explorarse los sentimientos de falta de valoración y abandono. Se debe resolver el temor a la confianza y la vulnerabilidad para poder entablar relaciones sanas. Las creencias falsas deben reemplazarse por creencias sanas, realistas. Se deben aprender nuevos patrones de relacionarse con los demás. Todo esto no lo puede lograr el adicto solo. Su recuperación dependerá del apoyo de los demás.

Es fundamental para la recuperación del adicto sexual la participación en un grupo de apoyo. El adicto debe comprometerse ante los que están interesados en el crecimiento y la recuperación; en dicho grupo puede haber apoyo mutuo y empatía mientras que a cada persona se la hace responsable de su propia conducta. Estos grupos se basan en una adaptación de los "doce pasos" de Alcohólicos Anónimos y se han ido desarrollando durante varias décadas en Estados Unidos, Europa y Canadá.

A través de estos doce pasos la persona llega a reconocer que el problema es más poderoso que él mismo. Se ha vuelto impotente en cuanto a su adicción a la lujuria. Debe desarrollar una fe y una dependencia en Dios para vencer la compulsión. La fuente de la vida y la valoración propia del adulto deben ser de Dios y no de la adicción. Debe desarrollar patrones de relaciones sanas y confiables dentro del contexto de grupo y hacerse responsable de las acciones del pasado, del presente y del futuro. El proceso es lento y doloroso, pero los resultados son positivos.

Cuando una persona está dispuesta a buscar ayuda para su compulsión, hay muchos recursos disponibles. Hay profesionales que se especializan en trabajar con la conducta compulsiva y hay muchos grupos de apoyo que se centran en resolver la adicción sexual.

A estas alturas la bibliografía disponible sobre la adicción sexual está creciendo rápidamente. Hay material disponible mediante *Sexaholics Anonymous*. Para obtener bibliografía e información respecto de los grupos de ayuda en su zona, puede escribir a la sede de *Sexaholics Anonymous*:

S.A.
P.O. Box 300
Simi Valley, Calif. 93062

Otros libros en inglés recomendados:

- *God, Help Me Stop* [Dios, ayúdame a detenerme] de Claire W. Un libro práctico publicado en forma independiente para conductas compulsivas.[4]
- *Los doce pasos para todos* por *Grateful Members*.[5]

La siguiente prueba fue desarrollada por Sexaholics Anonymous para ayudar a una persona a evaluar su tendencia a la adicción sexual.

1. ¿Alguna vez pensó que necesitaba ayuda para sus pensamientos o conducta sexuales?
2. ¿Pensó que estaría mucho mejor si no siguiera "cediendo"?
3. ¿Ha pensado que el sexo o los estímulos sexuales lo están controlando?

4. ¿Intentó parar o limitar hacer lo que sentía que estaba mal en su conducta sexual?

5. ¿Recurre al sexo para escapar, aliviar la ansiedad o porque no lo puede manejar?

6. ¿Siente culpa, remordimiento o depresión después?

7. ¿Su búsqueda de sexo se ha vuelto más compulsiva?

8. ¿Interfiere con las relaciones con su cónyuge?

9. ¿Tiene que recurrir a imágenes o a recuerdos durante las relaciones sexuales?

10. ¿Surge un impulso irresistible cuando la otra parte toma la iniciativa o se le ofrece sexo?

11. ¿Pasa de una "relación" o amante a otra?

12. ¿Cree que la "relación correcta" lo ayudaría a detener la lujuria, la masturbación o el hecho de ser tan promiscuo?

13. ¿Tiene una necesidad destructiva, una necesidad sexual o emocional desesperada por alguien?

14. ¿La búsqueda del sexo hace que no se preocupe por usted mismo o por el bienestar de su familia o de otras personas?

15. ¿Ha disminuido su productividad o concentración al volverse más compulsivo el sexo?

16. ¿Pierde tiempo de trabajo debido a ello?

17. ¿Se vuelca a un entorno más bajo cuando busca sexo?

18. ¿Quiere alejarse de su pareja sexual tan pronto como sea posible después del acto sexual?

19. Si bien su cónyuge es sexualmente compatible, ¿se masturba o tiene relaciones sexuales con otras personas?

20. ¿Ha sido arrestado por una ofensa relacionada con el sexo?[6]

Los pensamientos de Karlyn

Infección abrumadora

¿Alguna vez tuvo pie de atleta? Yo no, pero mi padre y mi novio tuvieron una conversación el otro día para explicarme de qué se trataba. Suena absolutamente desagradable. Comienza como una picazón aguda entre los dedos de los pies. Mi novio lo describió como: "No una picazón normal, es aguda, punzante y se siente como algo más profundo que la picadura de un mosquito". Uno no puede ver nada allí y solo se necesita frotar rápidamente para que se vaya. Pero regresa a los cinco minutos y tiene que frotarse de nuevo.

Al poco tiempo se necesita más de un roce para aliviar la picazón y comienza a suceder con mayor frecuencia. La piel se pone más colorada y aparecen ampollas pequeñas. Comienza a diseminarse. Uno ya no lo puede aliviar solo frotándolo; ahora tiene que rascarse y pelarlo con las uñas. Luego encuentra algo más, algo más duro, el casquillo de un lápiz o un palito, para rascarse. Pero la picazón sola se pone peor. Toma una toalla y la restriega entre sus dedos para aliviar el tormento. Cuando se detiene, durante un segundo piensa que ya pasó, pero luego regresa aún peor. Al poco tiempo no se va a ir; no obtiene alivio.

Prácticamente se apodera de su vida. No puede ir a ningún lado sin intentar rascarse. Se encuentra frotando un pie contra el otro mientras camina. Tiene que rascarse. Sabe que puede sacárselo de encima desgarrando la piel y que solo lo empeora, pero no sabe qué otra cosa hacer. No pasa mucho tiempo hasta que se ha rascado tanto que se abre y sangra, pero todavía esa picazón incesante está allí. Su roce constante es solo una ilusión de alivio; nunca hace que las bacterias se vayan. La única forma de sacarse de encima el pie de atleta es ir al médico y obtener una crema recetada; e incluso entonces, especialmente si está abierto y sangrante, va a doler. Y llevará mucho tiempo curarlo. El pie de atleta es un castigo.

Lo mismo se aplica a la adicción sexual. Comienza con poco, una ojeada a una publicidad de ropa interior, tal vez, pero se pone cada vez peor. Las fantasías se vuelven cada vez más descriptivas cuando se vuelve más "educado" y arde su imaginación. En sus fantasías aparecen rostros reales. Al poco tiempo nunca se liberará del deseo quemante de alivio; es una presión, una tensión, que debe ser aplacada, pero nada parece satisfacer el ansia.

Puedo darme cuenta cuando tengo sentimientos sexuales abrumadores y cuando pienso en que los tengo todo el día, mi nivel de energía baja como una plomada. Sería tan agotador, tan difícil para un cuerpo tener un hambre desesperada por el placer todo el tiempo. La necesidad de ser sanado y realmente satisfecho se reemplazaría solo por la vergüenza de necesitar ser curado en primer lugar. Comprendo ese sentimiento de vergüenza.

Yo solía pensar que no había experimentado una adicción sexual. Incluso mientras escribía el primer borrador de este capítulo, no sabía qué iba a decir porque no pensé que se aplicara a mí. Pero Dios me ha demostrado cuánto he luchado contra la adicción sexual. Tal vez no dar arduamente como muchos, pero la infección aún está allí. La lujuria y las fantasías son tan reales en el mundo de una mujer como en el de un hombre y es una carga pesada para todos nosotros. Si realmente queremos liberarnos de esa carga constante, acudan al Médico. Jesús tiene la receta que usted necesita. Coloque esa crema en sus ampollas y apriete los dientes mientras empieza a sanar. Encuentre amigos en quien confiar para que lo tengan de la mano y lo apoyen porque no va a ser fácil; las bacterias están muy adentro. La adicción puede erradicarse, pero usted tiene que estar dispuesto a dedicarle el tiempo. Usted tiene que querer liberarse del dolor.

He visto a amigos atacados por la adicción sexual. A no ser que los conozca bien, no puede decir que algo está mal, pero si uno empieza a ir más profundamente, verá la sangre saliendo de las ampollas cada vez. Si realmente excava y descubre qué está sucediendo, verá que se está apoderando de la vida de cada uno de ellos, es una obsesión que los controla a ellos y a todo lo que hacen. Es una de las peores cosas que he visto sucederle a un ser humano.

No permita que las bacterias desagradables y que dan picazón le roben la vida. Jesús tiene más poder que cualquier adicción que se apodere de usted. Deje de rascarse y defiéndase luchando.

7

El otro lado de la moneda

Roberto y Elena llevaban tres semanas de casados cuando vinieron a verme por primera vez. Elena estaba sumamente deprimida. Roberto estaba frustrado. Ambos expresaron desilusión con su vida sexual. "Cuando estábamos de novios hicimos todo bien", dijo Roberto, casi enojado. "Orábamos, leíamos la Biblia, conversábamos mucho, nunca tuvimos relaciones sexuales, seguimos todas las reglas. A pesar de todo eso, nuestra noche de bodas fue un desastre absoluto. Ambos sentimos que todo estaba mal. Ella estaba asustada y yo me sentía incómodo. Luego, ambos nos sentimos mal, en parte culpables y en parte enojados. Ha mejorado un poco desde entonces, pero no mucho. Ambos nos sentimos traicionados, nadie nos dijo que iba a ser así".

Los tres dedicamos un tiempo a tratar una cantidad de elementos específicos acerca de su noviazgo. Su abordaje de la sexualidad era el extremo opuesto de la mayoría de las parejas con las que había hablado. Su compromiso sexual era tener su primer beso en la noche de bodas. Habían decidido evitar todo contacto físico hasta formalizar sus votos en el matrimonio.

Abstinencia sexual antes del matrimonio

He conocido a varias parejas comprometidas que han enfocado su manera de involucrarse sexualmente desde esta perspectiva. Como

Roberto y Elena, generalmente son cristianos comprometidos, bien intencionados y con bastante disciplina propia. Su lógica tiene sentido. "Si vamos a pasar juntos nuestra vida, habrá mucho tiempo para el sexo. Si no vamos a casarnos, ¿para qué empezar?" No voy a discutir la lógica que subyace a la decisión de Roberto y Elena. Si una pareja decide manejar su relación física de ese modo, los aliento firmemente a mantener sus convicciones. Sin embargo, hay algunos peligros en este enfoque.

Las advertencias fuertes en contra de la promiscuidad sexual pueden dar la impresión de que necesariamente lo opuesto debe ser cierto: Si la libertad sexual incontrolada es mala, la abstinencia física total debe ser genial. Si tomamos este razonamiento a su conclusión lógica, el estilo de vida ideal sería el de un sacerdote o un monje: Comprometido con el celibato para toda la vida, involucrado solamente en búsquedas puramente espirituales.

A veces esta parece ser la única alternativa responsable para la intimidad física. Y eso es lo que sugirieron los discípulos a Jesús cuando Él explicó la importancia del divorcio en Mateo 19. Su respuesta fue interesante. Señaló que no todos podían manejar el estilo de vida de soltero "sino a aquellos a los que les fue dado" (v. 11). Esto implica que para la mayoría de nosotros, el celibato probablemente no sea la solución. En algún sitio debe haber un curso equilibrado de un desarrollo sexual saludable y una expresión para las personas así como las parejas.

Recuerde que al deseo sexual y al involucrase le sigue una progresión natural en una relación. Digamos que, para la pareja que piensa casarse, la progresión se inicia con tomarse de las manos y termina con una relación sexual después de la boda. Por supuesto, el proceso es mucho más complejo que eso, pero su ilustración en forma gráfica se vería así:

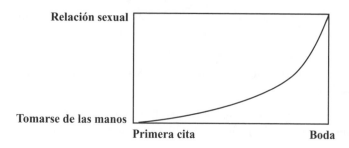

Desde el momento en que una pareja comienza una relación hasta el momento de su boda, la progresión sexual lucha por la expresión física. (Las implicancias de esa expresión que sucede demasiado pronto en una relación han sido profundamente tratadas anteriormente en este libro). Si suponemos que la meta de la pareja es finalmente casarse (lo que no siempre es el caso), entonces para esas parejas, cuya participación física progresa tan rápidamente antes de la boda, el gráfico luciría así. Aquí es donde tienen inicio tantos patrones de problemas sexuales.

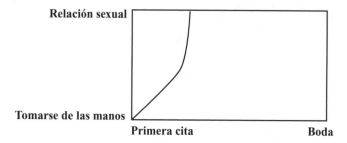

Para una pareja que está decidida a abstenerse de la expresión del afecto físico, como Roberto y Elena, el gráfico luciría así:

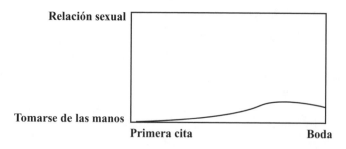

Aquí se introduce el concepto de la consumación prematura. La consumación prematura se refiere a la diferencia entre el desarrollo emocional de la relación física de una pareja y sus expectativas respecto de mantener relaciones sexuales. En otras palabras, puede que una pareja no esté emocionalmente preparada para tener relaciones aunque se acaben de casar. Necesito enfatizar que la consumación prematura no es asunto moral o legal; es emocional. La consumación prematura tiene lugar cuando el desarrollo emocional ha sufrido un cortocircuito.

los problemas de la consumación prematura

Como ya dijimos anteriormente, la participación sexual es progresiva. También es un hecho que nuestras funciones biológicas y emocionales no siempre están controladas por el razonamiento lógico. Puesto que estas dos cosas son verdaderas, puede resultar irreal suponer que algo (el sexo prematrimonial) que ha sido tratado como algo absolutamente tabú durante años pueda girar automáticamente ciento ochenta grados y experimentarse como algo absolutamente maravilloso unas pocas horas después de la boda. Nuestra mente puede decir que sí, pero hay buenas posibilidades de que nuestras emociones digan que no. Las parejas jóvenes pueden sentir culpa y temor cuando no hay nada por qué sentirse así. Si bien no hay nada legal, moral o bíblico en qué basar nuestras emociones, los sentimientos se viven del mismo modo. El proceso natural de vincularse debe reconocerse y respetarse. Tomar un atajo en el proceso deriva en problemas emocionales y de relaciones.

Hay otros factores que pueden hacer que la noche de bodas sea menos gozosa para las parejas como Roberto y Elena. Por ejemplo, la primera relación sexual es generalmente dolorosa para la mujer. Ese dolor, junto con la tensión y la aprehensión de un gran cambio de perspectiva, respuesta y comportamiento, puede convertirse en una experiencia muy negativa. También es posible que el nuevo esposo no sea consciente de las necesidades y deseos de su novia. Puede que tenga problemas para controlar cuán rápido llega al clímax él mismo. Todos estos factores complicaron la experiencia de Roberto y Elena. Y comenzaron su relación sexual con una carga de emociones negativas.

consumación retardada

Si escogen mutuamente evitar toda participación física antes del matrimonio, por favor no dejen que nadie los convenza de que deben tener relaciones sexuales en la noche de bodas. Conozco a muchas parejas que hubieran generado una relación sexual más sana y más feliz si no hubieran tenido prisa para consumar su unión en la noche de bodas. Sensaciones de rareza, frustración, tensión, ignorancia, todas ellas tienen la potencialidad de hacer que la experiencia sea desagradable.

Estas son algunas sugerencias que lo ayudarán a evitar algunos de esos problemas potenciales. Comience por conversar brevemente antes del día de su boda. Hable abierta y sinceramente acerca de qué sería lo más confortable para cada uno de ustedes. Al principio, la conversación puede resultar incómoda, pero les ahorrará años de lamentaciones y de recuerdos dolorosos. Luego de esta conversación, fijen sus límites según al más modesto de ustedes dos. Esto significa que si el esposo se siente cómodo acariciando el cuerpo de su esposa, pero ella se siente incómoda solo con besarse, acuerden no avanzar más allá de los besos por ahora. Permítale que se sienta cómoda con la progresión a su propio ritmo. Es perfectamente aceptable pasar por las etapas de besarse, besarse a la francesa, acariciarse sexualmente antes de tener relaciones durante los días y las semanas después de la boda.

Si atraviesan las etapas a medida que se sienten cómodos, gozarán mucho más de la intimidad sexual que lo que hubieran disfrutado en su noche de bodas. En términos de su gráfico de expresión sexual, la progresión luciría así:

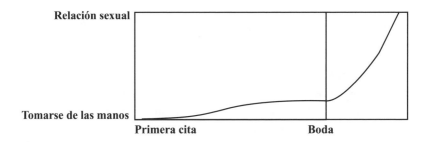

En su libro, *Solomon on Sex* [Salomón sobre el sexo], Joseph Dillow da una sugerencia excelente para parejas como Roberto y Elena que prefieren moverse más lenta y modestamente en su relación sexual:

Permitir que la nueva novia vaya primero al baño mientras el marido está en la otra habitación. Una vela encendida en el baño, siendo la única luz, producirá una atmósfera cálida y romántica. Al relajarse juntos en la bañera, pueden hablar del día, conversar y hasta orar agradeciéndole al Señor por el don de cada uno. Al comunicarse y compartir, el agua tibia drena las tensiones del día y las burbujas ocultan lo suficiente el cuerpo de la esposa así ella no se siente inmediatamente avergonzada. Luego deben comenzar a estimularse suavemente debajo del agua, ocultos por el baño de espuma. A medida que la tensión sexual y la anticipación aumentan, muchas de las inhibiciones iniciales comienzan a derretirse y un traslado al dormitorio es más natural.[1]

Hay muchas otras formas de superar la inhibición, pero los elementos más importantes son estos: Relajarse, hablar abiertamente de sus sentimientos y dejar que las cosas avancen a un ritmo que sea el más cómodo para ambos. Convierta en una aventura el hecho de descubrirse uno al otro. Estén preparados para reírse de ustedes mismos y uno con el otro cuando las cosas no suceden tan cómodamente como lo hacen en las películas (porque casi nunca lo hacen). Les brindará historias de las que reírse durante años, si bien no se las contarán a nadie más.

Mala comprensión de la voluntad de Dios para con el sexo

Para algunas parejas, la abstinencia sexual no es el resultado de una decisión mutua. En cambio, frecuentemente es el resultado de la ignorancia, la falsa creencia y un malentendido de la intención de Dios para el amor en matrimonio. Ese era el caso de Alberto y Nancy.

Tanto Alberto como Nancy provenían de familias con normas morales estrictas. Ambas familias eran misioneras en el norte de África, donde se conocieron Alberto y Nancy cuando eran niños. Sus familias tampoco consideraban el afecto: Los abrazos y los besos pocas veces se intercambiaban entre los miembros de la familia. Alberto no podía recordar el tema de que se mencionara el sexo en su casa. La única conversación sobre sexo a la que se expuso Nancy al crecer giró en torno a los peligrosos pecados de la lascivia y la fornicación.

Cuando Alberto y Nancy volvieron a Estados Unidos para asistir a la universidad bíblica, cada uno encontró unos pocos amigos que compartían sus opiniones conservadoras. Así que naturalmente se sintieron atraídos y se casaron al poco tiempo de la graduación.

Cuando tomaron una cita para consejería ya llevaban casados casi un año. Durante nuestra primera sesión resultó claro que todavía no habían vivido una relación sexual. Alberto se sentía frustrado y vagamente culpable acerca de su deseo sexual hacia su esposa. Cada vez que sacaba el tema, Nancy le recordaba que todavía no estaban preparados para tener hijos y le hacía comentarios que cuestionaban su sexualidad. Alberto había dejado de sacar el tema, pero estaba preocupado con pensamientos de lujuria, culpa y resentimiento.

En varias ocasiones le demostré cuidadosamente a Alberto y a Nancy cómo ve Dios el sexo en el matrimonio. Y finalmente se dieron cuenta de que necesitaban trabajar sobre reelaborar sus opiniones sobre el sexo para que coincidieran con las Escrituras.

Alberto y Nancy habían proyectado sus propias ideas sobre Dios. Se habían familiarizado con pedazos de la Biblia que apoyaban el mensaje que ellos suponían que estaba allí.

Algunos cristianos bien intencionados enseñan que el sexo es un resultado del pecado de Adán. Creen que cuando Adán trajo el pecado a la raza humana al comer el fruto prohibido, parte de ese pecado fue la relación sexual. Eche una ojeada al primer capítulo del libro de Génesis. Lea todo el capítulo y luego céntrese en el versículo 28:

Y los bendijo Dios, y les dijo: Fructificad y multiplicaos; llenad la tierra, y sojuzgadla, y señoread en los peces del mar, en las aves de los cielos, y en todas las bestias que se mueven sobre la tierra.

Dios les está diciendo a Adán y a Eva que crezcan en número, y eso significa sexo. A no ser que Dios haya hecho algunos cambios significativos en la anatomía humana de la que Él no nos contó, el sexo para Adán y Eva era básicamente como lo es para nosotros hoy día.

El pecado de Adán y la caída subsiguiente del hombre no se produce hasta el tercer capítulo de Génesis. Este nos dice que Dios creó y originó el acto sexual antes de que el pecado entrara al mundo. Eso en cuanto a que el sexo fuera inherentemente malo. Ahora observe el versículo 31:

Y vio Dios todo lo que había hecho, y he aquí que era bueno en gran manera. Y fue la tarde y la mañana el día sexto.

Cuando Dios vio que todo lo que Él había hecho era bueno, está incluyendo al sexo en el paquete, así como también toda la anatomía del hombre y de la mujer. Una parte de la anatomía de la mujer es un órgano pequeño llamado el clítoris. Está ubicado justo arriba de la vagina. El clítoris tiene una gran cantidad de terminaciones nerviosas y responde mucho al tacto. Es interesante que el clítoris no tenga una función discernible salvo la estimulación y la excitación sexual. Esto indica que el clítoris fue creado por Dios sin otro propósito que el placer sexual. Eso nos dice bastante acerca de la visión de Dios acerca del sexo.

Piense en esto. Luego de crear el acto sexual, luego de crear todas las partes de la anatomía sexual humana: "Dios vio todo lo que había hecho, y era muy bueno". Si lee Génesis 2:25, verá que Adán y Eva se sentían también bien al respecto. Dios siempre quiso que el sexo fuera una diversión buena, limpia. La Biblia promueve y alienta el sexo dentro de la estabilidad del compromiso matrimonial, nunca fuera de él. Dentro del compromiso matrimonial del amor Dios no pone ninguna restricción.

Esto es difícil de aceptar para muchos cristianos porque sus impulsos sexuales parecen ser condenados por las enunciaciones de Pablo acerca de las "lujurias de la carne". Muchos cristianos de hecho fabrican restricciones que les parecen devotas. En realidad, la mayoría solo sirven para limitar la satisfacción. En el capítulo 9 vamos a mirar más de cerca lo que Dios ha dicho sobre la sexualidad.

Alberto y Nancy comenzaron a descubrir el lado positivo del don de Dios del sexo a través de su propio estudio de la Biblia. Comenzaron a entender y a experimentar la excitante libertad del amor físico que Dios instruyó a las parejas casadas. Para ellos, el matrimonio se convirtió en una excitante aventura que nunca creyeron posible.

Acercándonos

1. Si estuviera por elegir cualquier contacto físico previo al matrimonio, ¿cómo reaccionarían sus amigos? ¿Cómo respondería su familia? ¿Cómo responde usted a la presión de sus pares: ¿Cede, se repliega o es coherente? ¿Cómo piensa que se vería afectada su decisión por las reacciones de sus amigos o miembros de su familia?

2. Si ha tomado una decisión de demorar el contacto físico, ¿cómo cree que sus relaciones del pasado han afectado esta decisión?

3. Para un tratamiento más profundo del tema, le sugerimos los siguientes libros en inglés:

- *Romantic Lovers* [Amantes románticos] de David Hocking[2]
- *Solomon on Sex* [Salomón sobre el sexo] de Joseph Dillow[3]

Los pensamientos de Karlyn

Con lentitud y perseverancia se gana la carrera

Si hay algo que haya aprendido en el juego de las citas, es que todo está desequilibrado. Recuerdo cuando tenía dieciséis años (y nunca había sido besada). Leía un libro en el que uno de los personajes había prometido no besar a nadie hasta que él y su novia estuvieran en el altar. Pensaba que eso estaba bien, entonces decidí hacer lo mismo. Le escribí una carta a mi futuro esposo contándole sobre mi decisión, la sellé y la arrojé a un cajón para guardarla hasta ese maravilloso día.

Luego, a medida que fui creciendo y la perspectiva de ponerme de novia se acercaba, decidí que sería una buena idea aligerarlo un poco, entonces cambié mi promesa de guardar mi primer beso hasta el compromiso. Eso parecía un poco más razonable.

Ingresen, muchachos.

Ingresen, temas.

A lo largo de los pocos años que siguieron, a través de mi primera relación romántica y en la universidad donde comenzó mi primera relación seria, ese límite se iba corriendo constantemente. Quedé firmemente en esperar hasta el compromiso. Entre las dos relaciones, sin embargo, el límite se movió para que yo pudiera besar a alguien cuando supiera que me iba a casar con él, antes de que fuera realmente oficial. Luego, a los diecinueve años, cuando comencé a salir con mi primer novio serio, luché durante meses por cambiarlo otra vez más. No quería presionarme en eso solo porque quería hacerlo, pero al mismo tiempo mi regla de no besar había sido útil en algún momento, pero ahora no era práctica y además era completamente agonizante.

Pensé y oré arduamente al respecto. Finalmente decidí que había llegado el momento de cambiar nuevamente el límite: Esta vez, mi primera vez sería con un hombre del que estuviera verdaderamente enamorada. Mi novio y yo hablamos sobre qué significaba estar enamorados y le pedí que me besara cuando supiera que estaba enamorado de mí. No pasó mucho tiempo hasta que recibí mi tan esperado primer beso. Y no he lamentado mi decisión.

Lo que quiero decir es que con frecuencia caminamos por una línea fina al tiempo que tratamos de buscar límites sanos. Tuve que encontrar el equilibrio en mi decisión de besar: Qué estaba bien en contraposición a no dejarse tentar. Es una batalla que rodea a cada límite físico. Esa fina línea va a recaer en lugares diferentes para personas diferentes, simplemente porque la tentación en determinadas áreas es mayor para algunas personas que para otras. Sin embargo, con ánimo de aclarar, no estoy sugiriendo que para algunas personas estaría bien tener relaciones sexuales. Dormir con alguien saca todo el equilibrio; he visto que mover ese límite hace infelices a muchos de mis amigos. Puesto que Dios creó el sexo como el sello de la unión entre un hombre y su esposa, cuando uno lo disfruta prematuramente uno se une a esa persona para el resto de su vida. "Por esto dejará el hombre a su padre y a su madre, y se unirá a su mujer, y los dos serán una sola carne" (Ef. 5:31). Si decide romper la relación, siempre le faltará una parte suya. Eso no es equilibrio. Eso es desequilibrar la balanza.

Hay una cosa que es igual para cualquier pareja, sin importar cuáles sean sus límites: Donde sea que trace su línea, se sentirá tentado a cruzarla. A veces es el momento adecuado de extender determinados límites (como mi regla de besar que fue cambiando al pasar por diferentes etapas de mi vida). Pero otras veces debemos apegarnos a ella y pedir la fuerza de Dios para vencer la tentación. Puede que sea muy difícil discernir la diferencia entre cuándo ser flexible y cuando no. Aquí hay una palabra clave que he hallado que es la respuesta en prácticamente el cien por ciento de mis temas de límites físicos: Esperar.

Digamos que estoy en el meollo del momento una noche y

desesperadamente quiero cruzar un límite. Si espero por lo menos hasta la mañana siguiente (dos días es aún mejor), puedo ver con mucha mayor claridad realmente si se supone que mueva el límite. Además, eso me da tiempo a consultarle a Dios sobre el tema. El deseo de tener más de lo que estamos teniendo siempre estará allí. Y puesto que todos estos deseos no se van a ir, debemos ver cómo fijar nuestros límites sobre la base de lo que Dios ha planificado para nuestra seguridad sexual.

Cabe admitir, que hacerlo puede volverse algo difícil. Primero que nada, además de "nada de sexo afuera del matrimonio", Él no es muy claro en las particularidades de los límites físicos. No dice: "No besarás a la francesa hasta que hayas estado de novio durante un año y luego quince días...", pero sí habla de mantener pura el alma. "...todo lo que es verdadero, todo lo honesto, todo lo puro, todo lo amable, todo lo que es de buen nombre; si hay virtud alguna, si algo digno de alabanza, en esto pensad" (Fil. 4:8-9).

Muy bien, ese es mi límite. Si no puedo orar mientras lo estoy haciendo, no debería estar haciéndolo. El equilibrio sano al fijar sus límites proviene de mirar hacia delante, conociéndose a sí mismo y a sus límites y en fijar límites que sean realistas para usted. No elabore límites que sean tan restrictivos que se sienta como un mártir la mitad del tiempo. Ese tampoco es un equilibrio sano. Diga que cuando comenzó a tener citas usted solo se sentía cómodo con abrazos laterales. Ahora han pasado cuatro meses y la quiere envolver en sus brazos y abrazarla cada momento, pero tiene miedo de que mover los límites sea pecaminoso. No tengan miedo de hablar y decidir como un equipo volver a poner el límite donde estaba. No se nieguen a moverlo simplemente porque piensan que se supone que sufra esos deseos "pecaminosos" que los hace querer estar uno al lado del otro.

¿Qué hubiera sucedido si me hubiera apegado a la idea que tenía a los dieciséis años y guardara mi primer beso hasta el día de mi boda? Puesto que en realidad nunca estaré en esa posición, no sé qué pasaría. Lo que sí sé es que ahora mismo estoy pasando un momento muy arduo con la presión de desear algo que no me permitiría tener. La cosa es que podría manejar los besos, puedo orar y agradecerle a Dios mientras beso a mi novio. Quedarme donde estaba a los dieciséis me hubiera dejado asustada de permitir que Dios controlara los tiempos.

Lo que quiero decir es que a veces uno puede tener grandes intenciones de mantener su contacto físico casi inexistente cuando se está de novio, pero no siempre es una concesión pecaminosa reevaluar sus límites, en especial cuando refrenarse se vuelve ridículamente duro.

Cuando están trabajando como un equipo para mantenerse puros y están siguiendo lo que Dios les dice que hagan, sus límites tendrán un equilibrio sano. A veces, eso puede significar que su relación es distante: Eso está bien, pero por favor no esperen caer apasionadamente en los brazos del otro luego de la boda. Una boda es una ceremonia; no hace nada para cambiar su parecer o su corazón. Si ha tenido un cortejo muy conservador, está bien seguir de novios después del matrimonio y llegar más tarde a acostarse, pero no le pongan un límite de tiempo. No hay prisa.

Mientras intentan averiguar dónde deben residir sus límites, tengan presente los criterios que Cristo ya ha marcado para ustedes: "Porque ya sabéis qué instrucciones os dimos por el Señor Jesús; pues la voluntad de Dios es vuestra santificación; que os apartéis de fornicación; que cada uno de vosotros sepa tener su propia esposa en santidad y honor; no en pasión de concupiscencia, como los gentiles que no conocen a Dios" (1 Ts. 4:2-5).

8

Al descubrir la libertad

Hasta ahora, al hablar de la promiscuidad sexual, hemos tratado los porqué y los para qué, los problemas sociológicos y psicológicos y las implicancias teológicas. Una vez dicho todo, sin embargo, debemos volver a la cuestión de cómo hacemos que lo sexualmente puro sea práctico. ¿Qué puede hacer una pareja hoy día para volver al camino correcto o para evitar los problemas desde el principio?

Nuestra sociedad, especialmente los medios de comunicación, las películas, la televisión, la música, las revistas, los libros, nos bombardean constantemente con material sexualmente excitante. No podemos ver una noche televisión ni ojear una revista sin enfrentarnos a mensajes sexuales en cien maneras diferentes. Es difícil no preocuparse con el sexo. El mensaje que recibimos es que las libertades sexuales sin compromiso no son gran cosa. Los valores tradicionales, bíblicos son tonterías. El sexo es considerado informal, como recreación y sin ninguna implicancia moral. Además, el sexo es placentero. La sensación de la excitación es agradable, entonces nuestro cuerpo nos impulsa hacia las mismas acciones que ocasionan esos problemas profundos y complejos.

Contrario a la creencia popular, no tenemos que ser llevados a la acción por esos impulsos. Son naturales y normales, pero es un mito que sean todopoderosos o irresistibles. Elegimos cómo permitimos que nos afecten y escogemos nuestra conducta en respuesta a ellos. Una vez escuché al doctor Sol Gorden dar un ejemplo de esta capacidad. Imagínese a dos adolescentes en el sofá, abrazándose, besándose apasionadamente y siendo cada vez más intensos. En un momento el muchacho dice: "Tengo que seguir adelante. No puedo refrenarme. No hay forma de pararlo". La muchacha solo tiene que decir: "Creo que oigo venir a mi madre" y el muchacho encontrará repentinamente una manera de detenerse. Es increíble.

Cuando el soltero cristiano desarrolla una norma de expresión sexual, los asuntos tratados en este libro se vuelven sumamente pertinentes. Queda claro que las Escrituras dicen que la castidad es un requisito de los solteros cristianos y que las consecuencias de la desobediencia pueden ser severas. Dios no solo nos ha dado la responsabilidad de vivir dentro de esos límites, Él nos creó con la capacidad para hacerlo. Para la persona o pareja sincera que quieren que su relación física avance en una forma realista, sana y bíblica, hay mucha esperanza.

Prepararse para un compromiso de toda la vida es un proceso extenso. Lleva mucho tiempo y esfuerzo. Lamentablemente, la mayor parte de las personas dedican más tiempo a prepararse a obtener una licencia para conducir que a prepararse para el matrimonio. Las siguientes sugerencias respecto del desarrollo sexual se aplican a cualquier pareja que quiera mantener o volver a obtener la pureza sexual.

1. Si han sido sexualmente activos como pareja, acuerden que es un problema y que perjudicará su relación. Independientemente de la justificación respecto de la relación sexual, es importante que cada uno de ustedes pida perdón al otro y a Dios. Al verbalizar sus arrepentimientos y errores, esta conversación en particular se vuelve un marcador para el momento de decisión de su relación. También los ayudará a ser responsables uno frente al otro por el desarrollo de su relación. Comprométanse a realizar un cambio en esta área.

2. Eviten los materiales que estimulan la sexualidad. Esto incluye películas pornográficas o literatura afín y programas de televisión o música abiertamente sugerente. Estén atentos

a cualquier cosa que estimule artificialmente el deseo. Estos ejemplos pueden parecer inocentes, pero exponerse a su influencia reduce la motivación de permanecer puros y conduce a conceder valores. Al mantenerse alejados de la estimulación como personas, a las parejas les resultará mucho más fácil evitar la tentación como una unidad.

3. Dedique tiempo a materiales que sean positivos y que refuercen los valores bíblicos. No hay sustituto para leer y meditar sobre las Escrituras. Hay disponibles innumerables buenos libros y cintas que pueden reemplazar la información sexual negativa que encontramos a diario. Tal vez tengan disertantes o autores favoritos. Si no, su pastor o la librería cristiana local pueden tener algunas sugerencias.

    Un dicho entre los programadores de computación es cierto para todos: "La basura entra... la basura sale". Podemos elegir lo que permitimos que llene nuestra mente y con lo que estas están llenas controlarán nuestra conducta. "Porque cual es su pensamiento en su corazón, tal es él" (Pr. 23:7).

4. Evite avanzar a propósito o conscientemente en la excitación sexual. Formule la pregunta: "¿Puedo satisfacer moralmente los deseos que estoy suscitando en esta persona?" Si no puedo (y no puede si no está casada con esa persona), entonces la excitación de la pasión de su pareja es un tipo de defraudación. El desarrollo emocional sano, normal de la relación amorosa que realmente desea se ve sofocado y las trampas tratadas en este libro aparecen y se establecen.

5. Siéntense y sinceramente hablen sobre sus creencias, esperanzas y temores así como también de sus deseos respecto de su relación física. Sean específicos cuando hablen de qué pone a cada uno en la zona de peligro. Para esto, se necesita mucha sinceridad y vulnerabilidad. Uno no puede controlar los impulsos sexuales negándolos. Deberán tratarlos y desarrollar un plan. No finjan que no les gusta el sexo si sí lo gozan. Admitan la potencialidad de graves problemas y tomen algunas decisiones mutuas acerca de cómo manejar las

tentaciones. Su capacidad y voluntad de comunicarse en este nivel les dirá mucho sobre si están preparados para casarse. Si usted o su pareja no pueden o no harán esto, es una señal de que la relación necesita mucho desarrollo antes de la boda. Al conversarlo como pareja, ambos adoptan la responsabilidad por esta parte de la relación. Ninguna de las partes debe excusarse diciendo: "Detenme tú". Solo un esfuerzo de equipo reforzará la intimidad y la comunicación.

6. Decidan juntos sobre un nivel de contacto físico que promueva y desarrolle una comunicación genuina en la relación. Adopten la perspectiva más conservadora. Esto significa que si están cómodos con largos períodos de besarse en un auto estacionado y su pareja prefiere no más que un beso de buenas noches en la entrada de la casa, el límite debe ser un beso de buenas noches en la entrada de la casa. De otro modo, aún existirá la lucha con la culpa y la potencialidad de desarrollar lo ilícito. Uno de ustedes puede sentirse usado por el otro y comenzar a resentirlo. Esté atento a una pareja que intenta obligarlo a niveles más profundos de contacto que lo hacen sentir incómodo. La preocupación puede ser más para la gratificación propia que para desarrollar una relación sana, mutualmente satisfactoria. En este caso, los planes de boda probablemente sean prematuros.

7. Hablen de si pueden haber determinados momentos, lugares o situaciones que conducen a uno o a ambos a la tentación en este área. Puede que descubran que ambos o uno de ustedes se siente tentado con mayor facilidad al estar estacionados en un auto de noche o recostados juntos en el sofá. Es importante que ambos conozcan sus áreas de tentación y que los conversen juntos tan específicamente como sea posible. Explorar estas especificaciones los ayudará a encontrar y acordar sobre los límites de su relación física. Hacerlo requerirá de una comunicación sincera y de creatividad, habilidades que son fundamentales en un matrimonio sano. Los siguientes son ejemplos de mis casos de límites específicos sobre los que acordaron diferentes parejas.

- No besarnos a no ser que estemos de pie. Esta pareja decidió que la tentación era demasiado fuerte cuando estaban sentados o recostados mientras se besaban.
- Nada de contacto físico después de las diez de la noche. Esta pareja descubrió que la tentación era mayor tarde por la noche cuando estaban cansados y su motivación para resistir era baja.
- No quitarse nada de ropa. Esta pareja se sentía cómoda con el acuerdo de que el primer botón, el cierre o el broche que se habían abierto señalaban que se habían cruzado los límites y que necesitaban separarse durante un tiempo.
- Alejarnos del sofá cuando estamos solos. Esta pareja descubrió que el sofá de cualquiera de los dos apartamentos era el lugar de mayor tentación, entonces decidieron sentarse en otra parte mientras estaban solos y juntos.

Fije los límites lo bastante pronto en el proceso de excitación para que ambos estén de acuerdo en que es realista detenerse. Si su plan es involucrarse y excitarse tanto como pueda y luego replegarse en el último minuto, probablemente está siendo irreal y terminará lamentándose. Es importante que establezcan sus metas y prioridades antes de estar tentados. El tiempo de buscar un refugio nuclear es antes de que ataque el enemigo.

La importancia de dar estos pasos como pareja es ilustrada por el doctor Dwight Carlson.

Es como conducir a ciento treinta kilómetros por hora por la calle de una ciudad y un niño aparece corriendo frente al carro. Podemos aplicar los frenos y tener toda la intención de parar, pero la decisión real ya se tomó cuando decidimos ir a ciento treinta kilómetros por la calle de una ciudad. Una vez que se toma la decisión, a veces resulta difícil revertirla.

Lo mismo se aplica a la tentación sexual: La cantidad de contacto físico y la escena que se coloca una pareja son factores importantes para evitar tentaciones. Así que deben trazarse las pautas lo bastante temprano para no excitarse tanto e involucrarse sexualmente hasta alcanzar un punto en el que sea difícil, si no imposible, detenerse.[1]

8. Escriban su decisión mutua en un papel. Nuevamente, sean específicos. Esto es necesario para eliminar malos entendidos o luchas de poder. Si ambas personas han acordado verbalmente que su mano debajo de su blusa es "demasiado lejos" y ese límite ha sido escrito, entonces ningún individuo puede reclamar que no comprendió el límite. Estar de acuerdo por escrito, también, facilita el reconocimiento de la manipulación, la impulsividad y la motivación egoísta. Escribir los límites es como poner un foco de luz en esa área de una relación. De inmediato resultará claro para ambas personas que el límite se convierte en un problema. Si nunca se vuelve un problema, puede que nunca tengan la necesidad de volverlo a conversar. Mientras se respeten los límites mutuos, la pareja puede relajarse y responder libre y espontáneamente, sabiendo que su relación sexual los está preparando para un matrimonio sano.

9. Al aplicar estos pasos a su relación, recuerden afirman su amor. Será importante recordarse uno al otro periódicamente acerca de su amor, especialmente en momentos en que uno de ustedes se sienta inseguro o distante: Un momento cuando la tentación puede intensificarse para esa persona. La motivación para tomar estas decisiones es su amor por su pareja y su compromiso con la relación. Al eliminar la conducta sexual, tendrá la necesidad y la oportunidad de incrementar otras formas de comunicar su amor. Las conductas hacia el otro, los regalos pequeños y significativos y las expresiones verbales de amor se profundizarán en significación.

10. Si usted o su pareja están cruzando continuamente los límites o continuamente topándose con los límites, no ignore ni minimice la implicación de esa conducta. Esta debería ser una clara señal de que la relación no se está

desarrollando en la forma en que ambos han acordado. Si se hallan conscientemente ignorando sus normas acordadas entre ustedes, colocándose repetidas veces en situaciones que crean problemas con las tentaciones, entonces es momento de evaluar su motivación. Tal vez deban enfrentar el hecho de que no están particularmente interesados en el desarrollo de su relación, sino principalmente en el placer físico o la gratificación. Su conducta es un indicio de que el compromiso, la motivación o la comunicación no es cómo debiera ser y ocasionará problemas más adelante. En este caso, todo el discernimiento, la información y las estrategias del mundo no ayudarán a que crezca su relación más allá de este punto. Como dice el viejo dicho: "Hay que querer".

Pregúntense: ¿Estamos realmente preocupados por la relación o por la gratificación propia? La gratificación propia es una base obviamente inadecuada para el matrimonio. Puede que tengan que admitir que esta relación no tiene buenas perspectivas para el matrimonio, ya sea debido a la impulsividad de cada uno de ustedes o la falta de respeto que uno de ustedes tiene ante los valores del otro. Cualquiera sea el motivo, es mucho mejor descubrir estos problemas antes de la boda y posponer o cancelar los planes de casamiento que prepararse para problemas matrimoniales graves que serán sumamente difíciles y dolorosos de resolver en el futuro.

Donde sea que elijan fijar sus límites, toda conducta se volverá aburrida y mundana si su único propósito en el contacto físico es experimentar la excitación sexual. Recuerde que la excitación sexual es progresiva. Lo atrae a una participación cada vez mayor. Un beso, por ejemplo, pronto se vuelve aburrido si su punto principal es la excitación que experimenta cuando se tocan los labios. Pueden evitar que besarse se vuelva una rutina si su propósito consciente es el de expresar sus sentimientos para con su pareja. Un beso siempre tendrá significado si es una forma de comunicación y no un método de gratificación propia. Además, si su beso es una expresión sincera de amor, ese amor nunca traspasará los límites que han sido impuestos para sentirse bien. Primero Corintios 13:5 nos recuerda que el verdadero amor no se busca a sí mismo. Recuerden que cualquiera sean los límites que deciden como pareja, no hay nadie para aplicarlos salvo ustedes dos, no hay padres, no hay maestros, no hay pastores, no hay amigos, nadie sino ustedes. Recuerden también que ser responsable uno con el otro es una habilidad sumamente importante para llevar al matrimonio.

Le pregunto a cada pareja con la que trabajo: "Díganme cómo fue tratar los límites físico y cómo ha afectado su relación". Algunos dicen que fue fácil; muchos dicen que fue raro y difícil. La vasta mayoría ha dicho que una vez que trataron sus sentimientos y convicciones sinceros y que tomaron sus decisiones respecto de los límites, su relación se volvió mucho más relajada. Muchos lo describen como un momento de decisión en sus sentimientos de cercanía. Ya no estaban preocupados por lo que el otro estaba pensando. Repentinamente se sintieron mucho más seguros y todos informaron un sentido de intimidad profundizado sin las complicaciones de profundizar su contacto físico. Nunca nadie me ha hecho saber que él o ella lamentaban tener esa conversación.

Dos hechos para recordar

Hay dos principios importantes que subyacen todo lo que se ha escrito aquí acerca de dar pasos para mantener la pureza sexual. Primero, para la mayoría de las personas, el deseo por el sexo es en realidad un deseo de cercanía e intimidad. Las personas solteras sexualmente más activas por lo general son las que están más solas. Como se trató en el capítulo 2, el sexo hace sentir intimidad, pero ya que puede en realidad ser un sustituto de la intimidad, no satisface por mucho tiempo. Al centrarse en la intimidad emocional y la comunicación sincera, la tendencia hacia la compulsión sexual disminuye.

En segundo lugar, el sexo es progresivo; se construye sobre sí mismo. La persona soltera o la pareja que cede a la tentación sexual le resultará más difícil resistirse la próxima vez. Al no ceder a la tentación, se vuelve cada vez menos poderoso. Al evitar la conducta sexual así como también el material de excitación sexual, se reducirá la tensión sexual, no aumentará, con el tiempo.

No puedo imaginarme sentirme limpia de nuevo

Nancy era una mujer de veintidós años con una seria preocupación. Nunca nos conocimos; mi contacto con ella se limitaba a una llamada telefónica que ella me hacía a un programa de radio en vivo que yo estaba haciendo. Pero Nancy representaba a mucha gente. Esto es lo que ella decía: "No sé qué hacer ahora. Lo daría todo con tal de poder borrar los últimos años de mi vida. Después de perder mi virginidad a los trece años, me pregunté: ¿Cuál es la diferencia? No tengo nada más para perder. Me he visto involucrada sexualmente con tantos hombres que no puedo contarlos a todos. Quería tanto estar enamorada y me estoy dando cuenta de que ningún hombre realmente me ha amado. A través de algunos amigos cristianos, estoy aprendiendo que hay una forma mejor, pero ¿cómo vuelvo atrás? Me siento tan sucia y usada que no imagino sentirme limpia de nuevo. ¿Qué puedo hacer?"

Hay esperanza para Nancy. Hay esperanza para otras mujeres y otros hombres que, como Nancy, son víctimas de la revolución sexual. Si bien la virginidad sexual de una persona no puede restaurarse, las personas y las situaciones pueden cambiar. Una persona puede minimizar y hasta eliminar muchos de los patrones negativos descritos en este libro. Nunca es demasiado tarde.

Elegimos si los errores y las fallas de nuestro pasado refuerzan y desarrollan nuestro carácter. Nunca estamos atrapados por nuestro pasado si estamos dispuestos a cambiar. Cada uno de nosotros tiene la capacidad de crecer y volverse más fuerte, independientemente de nuestras experiencias y a veces debido a ellas.

Lo primero que Nancy debía comprender era el perdón. Si bien la conducta de Nancy le había ocasionado una multitud de problemas, la Biblia dice que su pecado no es menos perdonable que cualquier otro. En Santiago 2:10-11 se nos dice: "Porque cualquiera que guardare toda la ley, pero ofendiere en un punto, se hace culpable de todos. Porque el que dijo: No cometerás adulterio, también ha dicho: No matarás. Ahora bien, si no cometes adulterio, pero matas, ya te has hecho trasgresor de la ley". Esto puede sonar desesperanzado hasta que uno se da cuenta de que la muerte de Cristo en la cruz pagó por todos los pecados. Debido al sacrificio de Cristo, Dios le ofrece perdón a todos, independientemente del delito.

¿Cómo trató Jesús con el pecado sexual en los demás? Lea la historia de Juan 8. El delito de la mujer era el adulterio; la ley requería su muerte. Luego de garantizarle que Él no la condenaba, la instrucción de Cristo fue: "...vete, y no peques más" (Jn. 8:11).

Dios no se enoja ni lo rechaza cuando usted fracasa. Siempre lo mantiene cerca y esperando su éxito, sin importar sus sentimientos de fracaso. La peligrosa tendencia para personas como Nancy es la de preocuparse por sus errores. Pero concentrarse en el fracaso no es solución, solo intensifica sentimientos de culpa y lleva de nuevo a la persona a su conducta problemática.

Si usted está en una situación similar a la de Nancy, concéntrese en su fracaso el tiempo suficiente como para comprender cabalmente qué debe cambiar. Observe las tempranas señales de advertencia para reconocerlas cuando el problema vuelva a aparecer.

Estos son cuatro pasos a seguir al tratar con opciones sexuales no sabias del pasado:

1. Recuerde que ha violado las normas de Dios. Nada puede cambiar hasta que se haga cargo de su parte en la conducta. Llámelo pecado; no culpe a nadie más. Dios no se sorprende. "Todos nosotros nos descarriamos como ovejas, cada cual se apartó por su camino; mas Jehová cargó en él el pecado de todos nosotros" (Is. 53:6).

2. Elija creer en la promesa de perdón de Dios. El castigo por su pecado fue pagado cabalmente en el Calvario. Debe solo reclamarlo. "Si confesamos nuestros pecados, él es fiel y justo para perdonar nuestros pecados, y limpiarnos de todo mal" (1 Jn. 1:9).

3. Elija perdonarse. Lea varias veces Romanos 8 y piense acerca de lo que dice sobre usted. No sienta culpas. Si Dios lo ha perdonado, usted ha sido perdonado. Perdonarse significa aceptar su humanidad y estar de acuerdo en que Cristo hizo todo el trabajo de redención en la cruz. Usted no puede complementar su obra con su propio sufrimiento o lástima propia.

4. Elija hacer un cambio. Este capítulo ha tratado métodos para ayudarlo a cambiar la conducta que evita la construcción de relaciones físicas sanas. Tome algunas decisiones acerca de cómo manejará sus relaciones de forma diferente. Resuelva cambiar antiguos patrones.

Es posible tener la relación que usted desea. No importa cuál haya sido su pasado, su futuro puede ser diferente. Pero recuerde que las relaciones sanas, crecientes, satisfactorias no suceden por accidente. Son el resultado de decisiones, compromiso y trabajo arduo. La primera decisión debe ser tomada por usted como persona. Yo lo aliento firmemente a invertir su tiempo en los pasos sugeridos en este capítulo. Puede que sea incómodo ponerse en marcha, pero considere la recompensa sobre su inversión: Patrones sexuales sanos para usted y su futuro cónyuge.

los pensamientos de Karlyn

Entonces una cosa llevó a la otra

Imagínese que vive en un agujero. Un agujero pequeño, oscuro, húmedo y hediondo tan enterrado en la tierra que el cielo es solo una mancha de azul celeste, muy arriba en algún lugar. Realmente le gustaría trepar y ver cómo luce todo ese cielo de azul. Pero trepar implicaría mucho trabajo. Tendría que hacer sus punzones de acero y luego clavarlos en la pared, uno arriba del otro, lentamente llevándolo hacia la libertad. Aunque tiene los materiales necesarios para hacer los punzones, se dice que no hay realmente motivo para abandonar su agujero. Tiene una cama, comida y la atmósfera no está del todo mal. Y además, esos eslabones de acero que usted hace para pasar el tiempo le llevan mucho menos esfuerzo de forjar que esos punzones afilados.

Así que sigue sus días en el agujero, trabajando con los objetos de acero, la mayoría, eslabones de cadenas. Una vez, cuando demostró ser ambicioso, trabajó en un punzón para trepar. Tal vez algún día saldrá de allí, piensa. Pero rápidamente regresó a hacer sus eslabones. Esos punzones son muy difíciles de darles forma; afilar las puntas. Entonces un día alguien se mete en el agujero. Usted está demasiado ocupado como para advertirlo, pero este tipo de aspecto atemorizante toca sus cosas. Mira la pila de eslabones de acero que usted fabricó. Parece que los está uniendo, conformando una gran cadena larga. La coloca lenta, tranquilamente alrededor de su tobillo. Su cintura. Su cuello. Pero usted está trabajando, sin darse cuenta. Allí está usted, fabricando eslabón tras eslabón tras eslabón. Todo el tiempo, él sigue agregando cada eslabón a la cadena hasta que casi no puede moverse para hacer otro. Solo cuando ancla la cadena al suelo con el punzón que usted forjó, lo advierte, justo cuando se mueve para devorarlo. Qué mal que no dedicó más tiempo a esos punzones para trepar, amigo.

Entonces, ¿cuál es el sentido de esta extraña historia? El de hacer una pregunta: ¿Estamos preparados para el enemigo cuando viene a tentarnos? Cuando viene, ¿nos encontrará con una cadena ya lista esperando enroscarla alrededor de nuestro cuello o nos encontrará a mitad de camino de la pared sucia, preparados con suficientes punzones para trepar hasta arriba?

Déjeme hablarle de cinco elementos esenciales que he hallado al tratar de mantenerme alejado de las trampas de la impureza.

Primero, piérdase en Jesús. Siga una amistad con Él. Lea la Biblia; descubra qué tenían que decir sus discípulos acerca de Él; aprenda las obras de su corazón averiguando cómo respondió a lo que la vida le arrojaba. Hable con Él, mucho. Cuanto más llegue a conocer a Jesús, más sentido tiene Él para usted; y más querrá de verdad lo que su corazón desea para usted. Además, Él es el mejor amigo que jamás tendrá. ¡Le cubre su espalda donde quiera que vaya! Satanás sabe que usted pertenece a Jesús, y cuanto más cerca esté de su alcance, menos el enemigo estará dispuesto a meterse con usted. Él sabe que nuestro Dios es un Dios celoso. No nos distanciemos de la protección de nuestro Dios. Despierte cada mañana y pídale que lo proteja de la impureza ese día y luego cada vez que asome su horrible cabeza, ore por su derrota. Si niega construir esta amistad con Jesús habrá forjado el primer eslabón de su cadena.

Lo siguiente a recordar es esto: La fuerza no siempre se muestra en quedarse a luchar. Cuando se encuentre en una situación de tentación, corra. No intente perseverar con la tentación. Usted no es lo bastante fuerte como para sobrevivir a cualquier situación sexualmente estimulante en la que se mete. Se han perdido muchas batallas de este modo; cada pequeña batalla es una parte de la guerra. No podemos cantar una casi victoria. Perder por poco no es mucho consuelo; sigue siendo perder. Esta batalla ya es nuestra, pero debemos reclamar la victoria: "Mas gracias sean dadas a Dios, que nos da la victoria por medio de nuestro Señor Jesucristo" (1 Co. 15:57). Conozca sus límites y vote por mantenerlos. No piense por una centésima de segundo en cruzarlos.

Un verano mi novio y yo nos habíamos quedado hasta muy tarde. Entonces, cuando comenzó de nuevo la escuela, nos pusimos un límite de la una de la madrugada, pero no fuimos muy exitosos en cumplirlo. Luego empezamos a tener problemas para apegarnos a nuestros límites físicos y nos preguntábamos por qué teníamos tantos problemas con ellos, hasta que nos dimos cuenta de que todos nuestros asuntos aparecían después de la una. Los compromisos son importantes de verdad, incluso si son al parecer pequeños. "Sed sobrios, y velad; porque vuestro adversario el diablo, como león rugiente, anda alrededor buscando a quién devorar" (1 P. 5:8). Está observando como un depredador tenso, simplemente esperando que deje un punto débil abierto y él lo atacará justo allí, justo donde le ha dejado espacio para hacerlo. Usted tiene el poder de destruir los intentos de Satanás de destruirlo a usted, solo tiene que reclamarlo. "Someteos, pues, a Dios, resistid al diablo, y huirá de vosotros" (Stg. 4:7). Coloque el lubricante extra en afilar esa punta en su punzón para trepar: Lo sacará del agujero con mucha más rapidez que una pesada cadena.

El próximo asunto esencial se ha convertido en la base para todo lo demás que jamás descubriré de las relaciones: Estar en una relación no es acerca de usted. Cuando mi atención no es acerca de lo que quiero obtener, pero en cambio es sobre lo que estoy dando, he notado que me frustro mucho menos con mi novio. Creo que esto sucede por dos motivos: (1) no estoy morando totalmente en lo que quiero, así que si no lo obtengo no pasa gran cosa y (2) cuando mi energía se vierte en amarlo en lugar de ser quisquillosa acerca de lo que él está haciendo mal, a él le resulta más sencillo dedicar su energía libremente a amarme. Imagínense qué sucedería si ambos, usted y la otra persona significativa, vertieran el ciento diez por ciento en la otra persona. No quedaría mucho espacio para déficit, ¿no? ¡Inténtelo! Creo que se sorprenderá por lo que ocurre en su relación. Y aquí hay una sugerencia práctica para cómo comenzar con este tipo de amor altruista: Rehúsese a tentarse.

Rehúsese a tentarlo a él. Rehúsese a tentarla a ella. Han sido unidos para trabajar como un equipo, así que no inhabilite a su pareja empujándola más allá de la línea. Usted está en esta relación para proteger a esta persona; resuelva hacerlo bien. Esto significa que mi tarea es no permitir que mi novio cruce una línea durante un momento de debilidad, incluso si quiero hacer trampa en ese límite también. Si doy señales como que estaría bien seguir adelante, lo estoy tentando mientras él está débil, pateándolo cuando está en el suelo. Sé que en la mañana él lamentará la concesión; entonces en lugar de ceder, tengo que ayudarlo a mantenerse fuerte. Somos un equipo, ¿recuerda? No estamos para obtener placeres personales, queremos asegurarnos que este equipo funciona lo mejor que puede.

El cuarto factor esencial es: Cuando se caigan, levántense y sigan adelante. Sí, fabricar punzones es más difícil que fabricar cadenas.

Hacer que esa punta afilada esté bien es frustrante y consume tiempo. De vez en cuando podríamos ceder y hacer un eslabón, tal vez permitiéndonos soñar despiertos rápidamente luego de que prometimos dejar de fantasear, o hablando a una de nuestras amigas durante una hora sobre casarnos con "él" aunque prometimos no concentrarnos más en eso. Algo bueno para nosotros. Una mala elección no significa un fracaso total. Aprenda de sus errores. Sí, tomar una mala decisión hará más difícil volver a la brecha. Una vez que he probado el sabor de lo "prohibido" solo resulta más difícil volver dentro de mis fronteras otra vez. Pero no es imposible hacerlo bien. Sienta la fría cadena de acero alrededor de su cuello y vuelva a hacer sus punzones para trepar. Resuelva no ceder la próxima vez y reclute a su pareja para hacerlo. Si, por ejemplo, las cosas se recalientan entre ustedes después de haber visto una película con escenas sugerentes, no miren esa película de nuevo. Decidan juntos protegerse uno al otro. Descubran sus debilidades y luego sáquense de encima lo que las acciona.

El quinto factor esencial para mantener la pureza en mi relación es comunicarme siempre. ¿Cómo se supone que pueda protegerme mi novio si no sabe contra lo que estoy luchando y viceversa?

Además, si han cruzado la línea, es infinitamente más sencillo decidir qué hacer acerca de esa tentación en particular cuando se la expone y pueden trabajar juntos para evitarla en el futuro. Hubo una vez, poco tiempo después de que comenzamos a besarnos, en que mi novio y yo nos encontramos besándonos a la francesa, que era mucho más allá de lo que queríamos llegar. Cuando más tarde hablamos de ello contamos cinco límites que habíamos ignorado. Y si bien nuestra sesión de besos duró solo una hora, nos hizo sentir mal por mucho más tiempo. ¡Me llevó más de dos semanas antes de poder besarlo sin querer seguir adelante! Lo que ocurre es, si no hubiéramos hablado de eso, que probablemente hubiera pasado otra vez. Yo no era increíblemente exitosa en mantenerme alejada de ello; realmente necesitaba que él fuera fuerte. Él no lo hubiera sabido si yo no se lo decía. Podría haber pensado que estaba bien con todo eso y luego estaríamos en graves problemas. Pero en cambio, al final, salimos victoriosos de esa lucha, triunfantes como equipo.

Estos cinco factores esenciales han sido cruciales en alejar mi relación de un comienzo fuerte, y para mantenerla sana. Estoy segura de que encontraré más cosas que son tan esenciales mientras avanzo por el camino con él, pero esto es lo que tengo para ofrecer ahora.

En el punto en que se encuentre en su relación, trate de tener esto presente: ¿Qué están construyendo ahora? ¿Eslabones de cadenas o punzones para trepar? Recuerde, una cosa lleva a la otra. ¿Hacia dónde conducen sus decisiones?

9

un mensaje muy, muy antiguo

"He sido cristiano durante trece años y nunca supe todo lo que la Biblia decía sobre el sexo". Marv estaba platicando en su clase de Biblia sobre la sexualidad y la expresión sexual. "Inicié esta clase esperando lo que siempre oí desde que fui un niño, todos los "No..." Realmente estoy sorprendido. Con un guiño agregó: "Estoy descubriendo que Dios tiene una comprensión del sexo mucho mejor que el crédito que yo le di por ello".

Nuestro mundo está lleno de cosas bellas que Dios ha creado y que nosotros hemos mal utilizado. Mire las orillas del contaminado lago Erie o la atmósfera de la ciudad de Los Ángeles. Piense en un pedazo de madera que puede usarse para construir una hermosa casa o para golpear a un hombre hasta matarlo. Nuestra imaginación puede ser exquisitamente creativa o profundamente destructiva. Lo mismo pasa con el don de nuestra sexualidad. Es una moneda con dos lados, la belleza, la excitación y la seguridad de esa expresión de intimidad y confianza por lo general se pervierte en una exigencia egoísta y manipuladora.

Uno de los peligros del lado que entusiasma de la moneda es proyectar ideas preconcebidas en Dios. Se leen pedazos de las Escrituras para encontrar solo el mensaje que se supone que está allí. Muchas personas son como Marv. Ellos ya "saben" lo que dice la Biblia. Se lo dijeron sus padres. Se lo dijo su pastor. Encaja con lo que ellos "saben" que dice el resto de la Biblia. Pero nunca se han tomado el tiempo para realmente meterse en el libro. Como resultado de ello, terminan obteniendo la opinión de todos menos la de Dios.

Este capítulo analiza la visión bíblica del sexo. No tiene la intención de ser un estudio bíblico exhaustivo; mi meta es la de abrir la puerta y alentarlo a que estudie el tema por su cuenta. Si nunca antes estudió las Escrituras respecto de la sexualidad, puede que se sorprenda por lo que encuentre.

Un capítulo anterior trataba sobre lo que nos dice el libro de Génesis acerca de la visión de Dios del sexo. Observemos un poco más y veamos qué encontramos.

El Cantar de los cantares es un excelente ejemplo de la actitud de Dios hacia la expresión sexual. Si puede traspasar el simbolismo hebreo, el mensaje del libro es fuerte y claro. Aquí la joven novia está describiendo a su esposo:

Como el manzano entre árboles silvestres,
Así es mi amado entre los jóvenes;
Bajo la sombra del deseado me senté,
Y su fruto fue dulce a mi paladar.
Me llevó a la casa del banquete,
Y su bandera sobre mí fue amor.
Sustentadme con pasas, confortadme con manzanas;
Porque estoy enferma de amor.
Su izquierda esté debajo de mi cabeza,
Y su derecha me abrace.
(Cnt. 2:3-6)

Luego el novio reflexiona acerca de su novia:

Tu cuello, como la torre de David,
Edificada para armería;

Mil escudos están colgados en ella,
Todos escudos de valientes.
Tus dos pechos como gemelos de gacela,
Que se apacientan entre lirios.
Hasta que apunte el día y huyan las sombras,
Me iré al monte de la mirra,
Y al collado del incienso.
Toda tú eres hermosa, amiga mía
Y en ti no hay mancha.
(Cnt. 4:4-7)

Al hablarle a su novia, el novio dice:

Huerto cerrado eres, hermana mía, esposa mía;
Fuente cerrada, fuente sellada.
Tus renuevos son paraíso de granados, con frutos suaves
De flores de alheña y nardos;
Nardo y azafrán, caña aromática y canela,
Con todos los árboles de incienso;
Mirra y áloes, con todas las principales especias
aromáticas.
(Cnt. 4:12-14)

A lo que su novia responde:

Levántate, Aquilón, y ven, Austro;
Soplad en mi huerto, despréndanse sus aromas.
Venga mi amado a su huerto,
Y coma de su dulce fruta.
(Cnt. 4:16)

En todo el libro la imagen es la de hacer el amor abierta, relajada, satisfactoriamente entre una joven esposa y un joven esposo que están libres de culpa. Más adelante, en este capítulo volveremos a algunos de estos pasajes y veremos por qué puede haber libertad de culpa.

Advertencias bíblicas

Hebreos 13:4 es un versículo interesante:

"Honroso sea en todos el matrimonio, y el lecho sin mancilla; pero a los fornicarios y a los adúlteros los juzgará Dios".

La palabra griega traducida como "lecho" en este versículo es la palabra *koite*. Deriva de la palabra latina *cotio*, que da nuestra palabra española coito, queriendo significar relaciones sexuales. Esta misma palabra, en Romanos 13:13 se traduce como "indulgencia sexual y promiscuidad". El mensaje aquí es que se promueve la indulgencia sexual dentro del matrimonio. Toda referencia negativa a este término gira alrededor del sexo matrimonial (fornicación) o sexo extramatrimonial (adulterio). Así es cómo se contamina el "lecho matrimonial"; no hay otra forma.

Primera Timoteo 4:4 nos dice que todo lo que Dios creó es bueno. Sin embargo, todo es capaz de ser usado ya sea para bien o para mal. El uso adecuado del buen don del sexo es muy claro: El sexo se promueve y se alienta dentro de la estabilidad del compromiso matrimonial, nunca fuera de él. Dentro del compromiso amoroso del matrimonio, Dios no pone ningún tipo de restricción.

Los primeros nueve capítulos de Proverbios tienen mucho para decir acerca de la expresión sexual. Proverbios 5:15-21 capta el mensaje también. Este es un mensaje de instrucción de padre a hijo, del rey más sabio de la historia a su príncipe adolescente. El tema es el uso adecuado del instinto sexual. Salomón usa un lenguaje ilustrativo:

> Bebe el agua de tu misma cisterna,
> Y los raudales de tu propio pozo.
> ¿Se derramarán tus fuentes por las calles,
> Y tus corrientes de aguas por las plazas?
> Sean para ti solo,
> Y no para los extraños contigo.
> Sea bendito tu manantial,
> Y alégrate con la mujer de tu juventud.

Como cierva amada y graciosa gacela.
Sus caricias te satisfagan en todo tiempo,
Y en su amor recréate siempre.
¿Y, por qué, hijo mío, andarás ciego con la mujer ajena,
Y abrazarás el seno de la extraña?
Porque los caminos del hombre están ante los ojos de
Jehová,
Y él considera todas sus veredas.
(Pr. 5:15-21)

En los versículos 15 al 17 él no habla de dar agua a las ovejas de su prójimo. Está hablando de gozar el sexo con su esposa. Los versículos 18 al 19 lo ponen muy en claro. El sexo debe disfrutarse plena y lujuriosamente... dentro de los límites de un compromiso de por vida con una pareja.

Si volvemos al versículo 1, podemos ver la preocupación del rey por su hijo y el motivo tras el escrito de estas instrucciones. Él escribe con el discernimiento de "alguien que ha estado allí".

Hijo mío, está atento a mi sabiduría,
Y a mi inteligencia inclina tu oído,
Para que guardes consejo,
Y tus labios conserven la ciencia.
Porque los labios de la mujer extraña destilan miel,
Y su paladar es más blando que el aceite;
Mas su fin es amargo como el ajenjo,
Agudo como espada de dos filos.
Sus pies descienden a la muerte;
Sus pasos conducen al Seol.
Sus caminos son inestables, no los conocerás,
Si no considerares el camino de vida.

Ahora, pues, hijos, oídme;
Y no os apartéis de las razones de mi boca.
Aleja de ella tu camino,
Y no te acerques a la puerta de su casa,

Para que no des a los extraños tu honor,
Y tus años al cruel;
No sea que extraños se sacien de tu fuerza,
Y tus trabajos estén en la casa del extraño.
Y gimas al final,
Cuando se consuma tu carne y tu cuerpo.

(Pr. 5:1-11)

En los libros de Levítico y Deuteronomio leemos acerca de la ley dada a los israelitas por Dios. Dios estaba preparando a la nación de Israel para una tarea especial. Iba a usarlos para traer al mundo al Mesías. Su meta era convertirlos en una nación exitosa y poderosa. Dios sabía que las normas sexuales serían desastrosas para el desarrollo de su sociedad. Tenía un método muy eficaz de desalentar la promiscuidad entre los jóvenes. Las reglas eran así:

1. Todo adulterio se castigaba con la muerte tanto del hombre como de la mujer (Lv. 20:10).

2. Si una mujer tenía relaciones antes de casarse y se exponía este hecho en su noche de bodas, evidenciado por la falta de una sábana ensangrentada, debía ser ejecutada (Dt. 22:13-21).

3. Si un hombre tenía relaciones sexuales con una mujer comprometida, era apedreado hasta morir (Dt. 22:25-26).

4. Si un hombre tenía relaciones con una virgen no comprometida, se lo obligaba a casarse con ella y a pagar una dote al padre (Dt. 22:28-29).

Piense un instante en estas cuatro leyes. Los castigos eran severos, pero fueron un gran método para promover la responsabilidad sexual. Podríamos suponer que cualquier mujer que hubiera perdido su virginidad antes de casarse por cierto no dejaría que el hombre involucrado se escapara. Si lo hacía, la sentencia de muerte para ella era no casarse con nadie. Si nunca se casaba, no había lugar para ella en la sociedad hebrea, salvo tal vez la vida de una prostituta. Suena como un método eficaz de asegurar un cortejo sexualmente puro.

Estas leyes sirven para ilustrarnos el elevado valor que Dios le coloca a la abstinencia sexual fuera del matrimonio. Volvamos al Cantar de los cantares. Como señalamos antes, este es un libro explícito respecto de los gozos del amor en matrimonio. El libro gira alrededor de una relación entre Salomón y su novia, tanto antes como después de su boda. Se incluyen sus experiencias sexuales así como también sueños, temores y fantasías. (Para una consideración más profunda y comentario sobre este libro, le recomiendo el libro en inglés *Solomon on Sex* [Salomón sobre el sexo] de Joseph Dillow.)[1]

La esposa repite una frase tres veces: "Que no despertéis ni hagáis velar al amor, hasta que quiera" (2:7; 3:5; 8:4). Esta frase es básicamente una advertencia contra la promiscuidad sexual prematrimonial. Sin embargo, su advertencia va más allá e incluye la excitación de sentimientos sexuales para cualquiera menos para una pareja comprometida. Esa es una enunciación interesante para un discurso sobre la libertad sexual..

La cita se halla en medio de escenas de amor. En estas escenas la esposa está describiendo la hermosa experiencia liberadora de su amor en la noche de bodas y relaciona esa belleza y libertad a su castidad prematrimonial. El mensaje es que el contacto sexual antes de la boda puede poner en peligro la belleza del sexo en el matrimonio. Este mensaje coloca al libro en un contexto moral que es coherente con todas las Escrituras.

Considerando la reputación negativa que ha tenido la Biblia respecto de temas sexuales, es importante que cada restricción en las Escrituras pueda resumirse en un precepto: El sexo debe mantenerse dentro del matrimonio. Si tiene una pareja sexual y está comprometido con ella para toda la vida a través del matrimonio, relájense y gocen uno y otro con amor.

Si bien las limitaciones son pocas, las advertencias son poderosas. Dios evidentemente ubica una prima sumamente alta en la pureza sexual. Como tratamos anteriormente, el Antiguo Testamento prescribía la muerte como una resolución para la promiscuidad sexual. El Nuevo Testamento también tiene algunas cosas importantes para decir acerca de los peligros de las indiscreciones sexuales. La norma sexual en el Nuevo Testamento es clara como el cristal: Nada de sexo prematrimonial. No hace distinción entre el sexo casual, el de recreación o el sexo entre personas que "están casadas a los ojos de Dios". Dios no deja espacio para esa racionalización ni justificación. Observemos más de cerca el mensaje del Nuevo Testamento. En el texto griego, la palabra tanto para fornicación como para inmoralidad es *porneia*. *Porneia* se refiere a la actividad sexual fuera del vínculo matrimonial. Incluye sexo prematrimonial, sexo extramatrimonial, homosexualidad y toda la gama de perversiones sexuales. Es una distorsión tan seria del deseo y el plan de Dios que se advierte a los cristianos no solo que eviten toda forma de fornicación (1 Ts. 4:3), sino ni siquiera hablar de ello (Ef. 5:3).

No me tomaré el espacio aquí para citar cada uno de los pasajes enumerados, pero lo insto a que los busque y los lea en su contexto. De esa manera mis comentarios tendrán mucho más sentido:

- 1 Corintios 5:9-13: Pablo le advirtió a la iglesia corintia que no tolerara a personas que continuamente practicaban *porneia*, sino que las juzgara.

- 1 Corintios 6:13-20: El enfoque aquí es sobre la seriedad de la relación sexual ilícita debido a sus efectos, tanto física como espiritualmente. Pablo usa el ejemplo de una prostituta, pero su atención está en el acto, no con quién se está comprometiendo. Fácilmente podría haberse referido a un compañero de trabajo o una porrista universitaria.

- 1 Corintios 10:8-13: Pablo explica que Dios trató severamente con la inmoralidad sexual en el Antiguo Testamento como un ejemplo para nosotros que vivimos en los últimos días. El versículo 13 es una promesa de que Dios no nos permitirá abrumarnos por la tentación. Cuando Dios nos pide que hagamos algo, Él también garantiza que somos capaces de hacerlo.

- Gálatas 5:16-21: En la vida de un cristiano, la relación sexual ilícita está enumerada en primer lugar entre los hechos que se oponen diametralmente al Espíritu de Dios. A este pasaje le siguen los frutos del Espíritu, el primero de los cuales es el amor. La implicación aquí puede ser que tanto el sexo prematrimonial como el adulterio son lo opuesto al amor. El versículo 21 enuncia claramente que la práctica de estos actos aleja a las personas del reino de Dios. Esta es una advertencia que Pablo repite en 1 Corintios 6:9-10 y en Efesios 5:5-6.

• Colosenses 3:5-6: Pablo nos garantiza que la ira de Dios vendrá como resultado de la *porneia*.

• 1 Tesalonicenses 4:1-8: Pablo advierte que las relaciones sexuales ilícitas son lo opuesto a la voluntad de Dios que es el vengador de la inmoralidad sexual.

conclusión

El guión de un episodio televisivo de Alfred Hitchcock ilustra un punto importante sobre la vida. La historia comienza con una mujer que fue encontrada culpable de asesinato y que fue sentenciada a cadena perpetua sin libertad condicional. Ella prometió escapar de su encarcelación de cualquier manera posible en busca de un plan que le hiciera obtener la libertad.

Durante su encarcelamiento entabló una amistad con el encargado de los servicios fúnebres de la prisión, un hombre mayor con un problema grave y crónico de salud. El trabajo de este hombre era el de desechar los restos de todos los que morían en prisión. Él construía el ataúd, cavaba la tumba, se ocupaba de enterrar el ataúd; lo hacía todo.

La mujer le aseguró a este hombre que ella podía encontrar y financiar una cura total para su dolorosa enfermedad si solo se liberara de las paredes de la prisión. Finalmente convenció a aquel hombre para que la ayudara a escapar a cambio de su cura.

El plan era que cuando sonara la siguiente campana del funeral, anunciando la muerte de un prisionero, la mujer llegaría a la morgue y treparía al ataúd con el cadáver. Aquel hombre haría sus deberes normales de llevar el ataúd fuera de la prisión y enterrarlo en el cementerio. Al poco tiempo él regresaría y le quitaría la tierra al ataúd y liberaría a la mujer. Era un plan impresionante con grandes posibilidades de éxito. El plan funcionó exactamente como se había anticipado. La campana sonó, la mujer fue a la morgue y entró en el oscuro ataúd con los restos del que acababa de morir. Sintió el ataúd moverse hacia la tumba, cómo descendía al suelo y lo cubrían con tierra. Esperó, y esperó y esperó. Ni noticias del encargado. Parecía que había pasado una eternidad antes de que, desesperada, encendió un fósforo para determinar el tiempo que había transcurrido esperando. A la luz de la pequeña llama hizo un descubrimiento increíble. El cuerpo que estaba en el ataúd con ella era el de su amigo el encargado de los servicios fúnebres.

¿Puede imaginar la desesperación y la angustia de esta mujer? El plan perfecto, ni un error. ¿El resultado? Un completo desastre.

Así sucede cuando elegimos ignorar las claras advertencias de Dios a nosotros en su Palabra. Él no nos ha dado una serie de limitaciones, un conjunto de reglas y expectativas que nos aprisionan. En cambio, Él ha provisto con amor un diseño para la satisfacción sexual que nos libera para conocer íntimamente al otro y a la vez ser conocido íntimamente por esa persona. Cuando vamos por nuestro propio camino, todos los planes, las racionalizaciones y las excusas del mundo no cambiarán los resultados de violar su orden natural.

Las experiencias narradas en este libro, así como también los patrones y problemas tratados, son predecibles, consecuencias esperadas de violar el propósito de la relación sexual. Dios ha bendecido a la raza humana con la capacidad de relacionarse sexualmente. Su propósito es el placer, la satisfacción y la cercanía, así como también la procreación. Podemos experimentar gran gozo y satisfacción al seguir el diseño de Dios para la expresión sexual o bien podemos hacer un mal uso de su don y sufrir las consecuencias. La opción es nuestra.

acercándonos

1. Busque y lea 1 Tesalonicenses 4:1-8. Usando este pasaje como base, ¿puede pensar en alguna buena razón para tener relaciones prematrimoniales?

2. En sus propias palabras, ¿cómo se expresa el amor de Dios a través de las restricciones bíblicas sobre la expresión sexual?

---

los pensamientos de Karlyn

Recibir el verdadero tesoro

> Huerto cerrado eres, hermana mía, esposa mía;
> fuente sellada, fuente cerrada.
> (Cnt. 4:12)

Había una vez una niña cuyo padre la dotaba de ridiculeces. Siempre le estaba dando juguetes nuevos, llamándola su pequeña princesa y llevándola en sus salidas, solo ellos dos. Una cosa que él le había dado y que ella adoraba especialmente era una cadena de perlas de juguete. Las usaba casi todos los días y alardeaba acerca de ellas como si realmente fuera una princesa. Sentir las cuentas de plástico deslizarse entre sus dedos cuando se colocaba la cadena alrededor del cuello la hacía sentirse la niña más rica del mundo.

Luego, un día, mientras el padre la estaba arropando en la cama, él le hizo una pregunta extraña: "Cariño, ¿me darías tus perlas?"

"Ah, no, papá, mis perlas no", respondió rápidamente. "Pero a cambio puedes tener mi caballo rojo favorito".

Él parecía triste mientras movía la cabeza, le sonrió y suavemente besó su frente antes de irse del cuarto. "Buenas noches, princesa". A la noche siguiente, le hizo la misma pregunta extraña: "Querida, ¿me darías tus perlas?"

La pequeña estaba confundida y molesta por que le preguntara de nuevo. "No, papa, amo mis perlas. Pero puedes tener mi muñeca favorita, la que tiene el cabello rubio y suave, si quieres".

Nuevamente, los ojos de su padre lucían tristes mientras sacudía la cabeza, le sonreía y suavemente besaba su frente antes de salir del cuarto. "Buenas noches, princesa".

A la noche siguiente, la pequeña no estaba esperando en la cama a que viniera su padre. Estaba sentada, con sus ojos azules llenos de lágrimas, sus pequeños dedos aferrándose a algo que apretaba en su falda. Cuando su padre entró al cuarto, ella lo miró y una gran lágrima rodó por su enrojecida mejilla. "Aquí tienes, papa", murmuró, abriendo la mano, "puedes tener mis perlas si las quieres".

Los ojos de su padre se humedecieron al tomar el amado collar de plástico de entre sus manos y colocarlo en su bolsillo. "Gracias, cariño", le dijo, acariciándole el cabello mientras más lágrimas rodaban por las pequeñas mejillas. Luego, lentamente, puso la mano en el bolsillo de su saco y sacó una pequeña caja de terciopelo. "Ahora", dijo, sus ojos bailando con deleite mientras observaba sus ojos en la caja. "Puedo darte esto". Y cuando ella abrió la caja, se encontró con el collar de perlas más maravilloso que podía comprar el dinero. Su padre había estado esperando que dejara su juguete para poder darle algo real.

Recuerdo mi primera relación romántica. Estaba en los últimos años de la escuela secundaria cuando mi "amigo especial" y yo comenzamos a advertirnos. Pasábamos mucho tiempo juntos. Yo siempre estaba en su casa. Íbamos a fiestas juntos. Y al poco tiempo, nos volvimos "oficiales no oficialmente". Todos sabían que nos gustábamos. Tuvimos una PDR (plática de definición de la relación) y decidimos ser nada más que amigos, pero yo desesperadamente quería más que eso. Estaba segura de que esta era la persona con la que se suponía que debía casarme, finalmente él lo entendió y se enamoró locamente de mí y todo funcionaba correctamente. Así que me aferré a esa esperanza y dediqué la mejor parte de once largos meses e innumerables cantidades de energía intentando que pensara como yo.

Salvo que Dios me seguía pidiendo que lo dejara, yo no quería oírlo, pero al mismo tiempo sabía exactamente lo que me estaba diciendo. Y nunca tuve el valor de decirle directamente que no a Dios; así que le decía: "Por cierto, lo dejaré... siempre que me lo devuelvas". ¿Alguna vez ha hecho eso? No funcionó muy bien. Dios sabía de qué estaba hablando. Toda la relación siguió siendo cada vez más frustrante, y yo, cada vez más irritada. Luego, finalmente, después de once meses, terminó, no habiendo sido nunca oficial. Finalmente nos dejamos en junio (en realidad, que lo dejé libre sería una descripción más precisa).

Dejé de lado mis sentimientos por él con la confianza de que Dios tenía otra cosa en mente para mí. Pero ¿qué era? No pasaba nada. Luego, seis meses después, en diciembre, este otro muchacho comenzó a advertirme. A través de una serie inusual de eventos, Dios evidentemente nos acercó. No somos perfectos y no sé si estaremos juntos por el resto de la vida, si bien esa es una posibilidad. Hemos trabajado arduamente para demostrarnos el verdadero amor, el respeto y la comprensión, todo mezclado con nuestras personalidades inusuales y moldeadas para encajar aún más en una pareja inusual. Y pensar que casi me pierdo este tesoro por negarme a entregar el collar de plástico al que quería aferrarme. Estoy tan agradecida por la recompensa con que Dios me bendijo. Le puedo decir desde mi propia experiencia, las recompensas de Dios son reales. La mayoría de las veces uno tiene que esperarlas, pero son más reales que cualquier cosa que esté intentando crear por sus propios medios. Esté dispuesto a ansiar algo mejor. Déjese confiar y sorpréndase.

¿Qué tipos de imitaciones de relaciones puede ver en su vida? Yo tengo un ejemplo. Digamos que es una muchacha y que usted y su otro yo significativo han estado saliendo durante mucho tiempo. Las cosas han sido geniales: Usted encuentra seguridad en él, usted lo hace sentirse necesitado y por cierto no podría imaginarse la vida uno sin el otro. Pero últimamente, todo lo que parecen hacer cuando están juntos es besarse y experimentar o entrar en peleas, incluso peleas grandes, con gritos. Cuando uno se vuelve físico todo parece bien y se reconcilian. Pero esos momentos intermedios le hacen pensar que algo no anda bien. Si eso le suena conocido, podría estar con alguien que no la merece. El contacto prematrimonial sexual rara vez es el sexo en su mejor medida. Es una imitación. Una falsedad. ¿Lo dejaría? ¿Dejaría el placer ahora por la seguridad de que Dios quiere que usted sea más feliz de lo que usted jamás soñó que sería posible? ¿Le creería si Él le ofreciera un verdadero amor?

"Respondió Jesús y le dijo: Cualquiera que bebiere de esta agua, volverá a tener sed; mas el que bebiere del agua que yo le daré, no tendrá sed jamás; sino que el agua que yo le daré será en él una fuente de agua que salte para vida eternal" (Jn. 4:13-14).

Jesús le estaba hablando a una mujer cuya vida había caído en el pecado sexual, con cinco divorcios en su haber y que ahora convivía con un novio. Le costaba encontrar un amor que fuera real. Luego finalmente alguien vino que podía ofrecerle realmente ese amor. La relación que Dios quiere traer a su vida está llena de vida, risas, sinceridad, confianza, ternura, verdad. Es real. Primero Él le enseñará a amarlo; luego Él le enseñará a amar a otro ser humano. Con solo la promesa de una recompensa futura, ¿podría confiar lo suficiente ahora como para dejar ir su collar de plástico?

"...mas el que bebiere del agua que yo le daré, no tendrá sed jamás" (v. 14).

Amigos, ¿qué es lo que finalmente quieren de una relación? Una esposa, ¿no es cierto? Y no cualquier esposa. Una mujer que sepa cómo amarlo con cada fibra de su ser. Alguien que, día tras día, anteponga sus deseos para servirlo porque ama hacerlo feliz. Ahora, ¿intentaría y elegiría usted a esa mujer, o dejaría que Dios lo hiciera por usted? Déjeme poner esa pregunta en otro contexto. Digamos que acaban de ofrecerle una opción, una de varias pilas enormes de joyas almacenadas en un depósito. Lo único es que la mayoría de las pilas están compuestas por imitaciones; solo dos pilas contienen joyas reales. Y la mayoría de las gemas de imitación están bien guardadas como si fueran reales. Ahora tiene que tomar una decisión. ¿Intenta por su cuenta separar las imitaciones? ¿O le pide al experto renombrado en todo el mundo en joyas que está a su lado que le diga cuáles elegir?

"Mujer virtuosa, ¿quién la hallará? Porque su estima sobrepasa largamente a la de las piedras preciosas. El corazón de su marido está en ella confiado y no carecerá de ganancias. Le da ella bien y no mal todos los días de su vida" (Pr. 31:10-12).

Muy bien, ahora muchachas: ¿Qué estamos buscando en una relación? Finalmente un marido, ¿no es cierto? Pero incluso más que eso, estamos buscando un esposo que esté enamorado de nosotras con todo su corazón por el resto de la vida. No sé ustedes, pero yo quiero un hombre que se sienta total y completamente cautivado por mí, alguien que esté tan enamorado que a veces no pueda ver qué hay arriba. Alguien que rutinariamente se pone de costado solo porque ama verme feliz. ¿No suena maravilloso? Ser adorada.

"Prendiste mi corazón, hermana, esposa mía; has apresado mi corazón con uno de tus ojos, con una gargantilla de tu cuello. ¡Cuán hermosos son tus amores, hermana, esposa mía! ¡Cuánto mejor que el vino tus amores, y el olor de tus ungüentos que todas las especias aromáticas!" (Cnt. 4:9-10).

Este hombre está tan enamorado que solo una ojeada a sus joyas lo envía al éxtasis. ¿Cree que puede encontrar un hombre como este? ¿Apostaría el resto de su vida en esa decisión? ¿O preferiría entregar la opción al que tiene poder sobre el futuro? El que puede verlos a ambos en veinte, treinta, cincuenta años, el que conoce quién la va a adorar tanto cuando tenga cuarenta y cinco años como la adora ahora a los dieciocho o a los veinticinco?

Tenemos una visión muy oscura de lo que nos hace feliz, de lo que nos hace sentirnos satisfechos. Si bien nos aferramos a imitaciones plásticas de nuestros sueños, nuestro Padre casi explota de entusiasmo por los tesoros que tiene almacenados para nosotros tan pronto como le entreguemos nuestros juguetes. Él quiere quitar el amor falso. Él quiere prepararnos y enseñarnos a amar de verdad. Él quiere darnos a alguien a quién también le enseñó acerca del verdadero amor. En esa sociedad aprenderá qué significa tener una verdadera relación y se preguntará por qué alguna vez dudó de dejar su imitación.

Epílogo

Mientras terminaba el manuscrito final de este libro, conocí a una joven pareja casada con una alentadora historia para contar. Si bien hay muchos más detalles que puedo hablar aquí, incluyo solo una parte de su experiencia porque ilustra muy bien el propósito de este libro. Les agradezco por permitirnos "espiar" su experiencia como pareja. Daniel y Mónica se conocieron cuando estaban en la universidad. Se enamoraron casi de inmediato y pronto pasaban cada minuto libre juntos. Ya que ambos suponían que no faltaba mucho para que se acostaran, conversaron, planificaron sus anticonceptivos y fueron juntos a comprarlos. Convirtieron esa noche en lo más romántica posible. Su comunicación era buena y su meta era la de hacer todo correctamente. Esa noche fue el gozoso inicio de una activa vida sexual que era satisfactoria para ambos.

Sin embargo, después de varios meses, la insatisfacción comenzó a instalarse. Simplemente algo no andaba bien. Durante un tiempo, Daniel y Mónica podían escapar a la tensión con el sexo. Pero incluso esta área de su relación se volvió insatisfactoria para ambos. Intentaron la abstinencia sexual, pensando que "será mejor si nos detenemos durante un tiempo". Comenzaron a vivir una falta de intimidad real, si bien ninguno estaba seguro de cuál era el problema o qué hacer al respecto.

En medio de esta confusión, Mónica se enfrentó con la idea de que el sexo antes del matrimonio era pecado. Si bien no tenían el concepto del perdón de Dios o de la salvación personal, Daniel y Mónica se consideraban cristianos. Y puesto que no se consideraban hipócritas, la idea del sexo prematrimonial como pecado confirmaba su decisión de la abstinencia.

Tanto Daniel como Mónica habían asistido a la iglesia cuando eran niños. En los años más recientes se habían relacionado con una variedad de experiencias religiosas, desde la participación pasiva en diversas iglesias a experimentar con el movimiento de la Nueva Era. Cuando un amigo cristiano los invitó a asistir a la iglesia, ambos se sintieron cómodos al asistir. El mensaje de la mañana era del libro de Jonás y el tema era "huir de Dios". Fue un sermón que golpeó a ambos justo en medio de los ojos. Esa noche, después de una conversación llorosa y larga con su amigo cristiano, tanto Daniel como Mónica aceptaron a Cristo como a su Salvador y Señor.

Si bien su nuevo despertar espiritual era excitante para ambos, seguían luchando con los deseos sexuales. Ahora, más que nunca, eran concientes de que Dios quería que siguieran con la abstinencia sexual. Se comprometieron a hacerlo y hasta lo escribieron juntos. Lo llamaron "Siete reglas para el amor".

1. Si no complace ni glorifica a Dios, no tiene espacio en nuestra relación; Él es la Cabeza de nuestro amor.

2. Cuando sintamos crecer la presión, pondremos un espacio entre nosotros.

3. Cuando estemos demasiado ensimismados, volcaremos los ojos y abriremos el corazón de cada uno de nosotros a Cristo.

4. Ciertas caricias e intimidad están reservadas para la santidad del matrimonio.

5. Un abrazo servirá el propósito de comunicarnos nuestro amor.

6. Lucharemos por comunicar el amor que compartimos y no nuestra atracción física uno por el otro.

7. Cuando luchemos con esto, recordaremos que Jesús puede y nos ayudará si solo nos detenemos y se lo pedimos.

Después de escribir este compromiso juntos, tanto Mónica como Daniel lo firmaron y lo guardaron donde pudieran encontrarlo de ser necesario.

Mantener su compromiso fue sumamente difícil. Mantenían conversaciones emocionales mientras trabajaban las inseguridades, los temores y el perdón. Hubo veces en las que la lucha emocional parecía estar más allá de su capacidad para manejarla. A través de todas sus dificultades, la relación permaneció fuerte, al igual que su compromiso con la pureza sexual. Más de dos años después de su decisión de abstinencia sexual, Daniel y Mónica se casaron.

Al poco tiempo de la boda, estaban comprando ropa interior para la noche de bodas. Mientras que Mónica miraba la ropa sexy, se dio cuenta de que nunca había disfrutado usarlos. En el pasado, las compraba y las usaba para complacer a Daniel, pero estaba más cómoda en camisones largos y abrigados. Su profundo deseo por la satisfacción de Daniel, sin embargo, la seguía haciendo buscar por el perchero de la ropa de noche.

—¿Cuál te gusta, Daniel? —le preguntó por encima del hombro.

—¿Sabes? En realidad no me gusta ninguno de esos —respondió—. ¿No crees que estarías más cómoda en este? Es más de tu estilo y creo que te verías genial en él.

Mónica se dio vuelta para ver a Daniel sosteniendo un camisón largo blanco de franela. Mientras las lágrimas nublaban su vista, varias cosas resultaron claras para Mónica. El camisón significaba el amor de Daniel y su amor y su comprensión de sus necesidades, mientras que su color significaba su deseo por la pureza sexual restaurada. A través de su compromiso y frustraciones de los dos últimos años, se habían sintonizado mucho entre sí. Habían aprendido a comunicarse de modos que no creían posibles.

Su noche de bodas estuvo llena de descubrimientos. Luego de más de dos años de abstinencia sexual, ambos se encontraron sumamente nerviosos, pero seguros al darse cuenta de que así debía ser una noche de bodas. En las palabras de Mónica: "Estaba nerviosa, y me encantó".

Mónica hizo otro descubrimiento en la noche de bodas. Sus experiencias previas de relaciones sexuales nunca habían llegado al orgasmo. Suponía que su experiencia sexual era tan satisfactoria físicamente como podría llegar a ser. Se impresionó y quedó complacida al descubrir que había más.

Otra experiencia confirmadora para ellos en la noche de bodas fue que Mónica experimentó el dolor y el tenue sangrado típicos de una primera experiencia sexual. Si bien otros pueden estar en desacuerdo, Mónica está convencida de que fue el aseguramiento de Dios de su inocencia y pureza restauradas.

Daniel y Mónica no se lamentan de su compromiso prematrimonial con la abstinencia. A pesar de sus malos pasos iniciales, esta pareja encontró esperanza. La base de esa esperanza era su deseo de seguir al Señor en respuesta a su salvación recién hallada. Su obediencia trajo sanidad y crecimiento a su relación.

Oro que este libro pueda ayudar a otras personas a encontrar lo que encontró esta pareja.

Apéndice:
"Hola, ¿doctor...?"

Sara vino a mi oficina ansiosa y preocupada. Como madre divorciada que trabajaba, tenía mucho en qué pesar incluso con su crisis actual: Su hija de diecisiete años, Anabel, acababa de dar a luz a una niña de poco más de 2 kilos. La vida estaba por cambiar drásticamente para todas ellas.

Esta situación no era nueva para Sara. Su propia madre había estado embarazada antes de casarse. Ese matrimonio había durado unos desgraciados treinta y cinco años. Toda la familia seguía sufriendo por ello, incluso aunque los niños eran grandes y el padre de Sara había muerto hacía varios años. Su hermano mayor, Gerardo, seguía expresando amargamente su resentimiento por ser la causa y la víctima del desastroso matrimonio.

Sara se casó con Andrés luego de descubrir que estaba encinta. A los dieciocho años de edad estaba ansiosa por huir de sus padres y se enamoró locamente de Andrés. Este se fue dos años después de nacida su hija y Sara no ha oído de él desde entonces.

Ahora el patrón se ha repetido en una tercera generación. "No puedo hacer que Anabel comprenda cuán serio es esto", decía Sara. "Su novio niega que sea suya y no quiere saber nada de Anabel ahora.

Ella continúa diciendo que todo estará bien, pero no ve cuánto mejor habría sido". Las emociones de Sara parecían apagarse mientras continuaba: "Pensaba tomar algunas clases de computación el próximo semestre. Estaba esperando ser ascendida y finalmente tener un poco de efectivo adicional. Ahora todo eso va a tener que esperar por lo menos unos pocos años. Yo tenía la esperanza de que Anabel fuera a la universidad y tuviera una vida mejor que la que tuvimos nosotros, pero eso no es probable ahora. No creo que podamos pagar cuidado diurno. Probablemente tenga que recortar horas en el trabajo para ocuparme de la bebé así por lo menos Anabel puede terminar la secundaria".

Al trauma del embarazo no deseado por lo general se lo subestima especialmente, la gente joven. Madres no casadas en Estados Unidos pasan el millón por año. Cada año más de treinta mil niñas de menos de quince años se convierten en madres. Algunos estudios calculan que el cuarenta por ciento de las niñas de catorce años hoy día quedarán embarazadas antes de que cumplan los veinte.[1] Estas son estadísticas asombrosas. Los efectos negativos de estos patrones son monumentales para nuestro país, para nuestras familias, para la próxima generación. Y lo que es más importante, para las madres solteras y sus hijos.

La mayoría de las madres jóvenes de los Estados Unidos vive por debajo del nivel de pobreza. Solo la mitad de estas niñas que dan a luz antes de los dieciocho años completan la escuela secundaria (noventa y seis por ciento de niñas sin hijos completan la escuela secundaria en los Estados Unidos).[2] El setenta y uno por ciento de las mujeres de menos de treinta que reciben ayuda del gobierno tuvieron su primer hijo antes de los veinte años. Los niños que viven con madres solteras son de seis a siete veces más propensos a vivir en la pobreza que los niños en una familia intacta.[3] Este patrón de nacimientos de madres solteras es llamado el centro del ciclo de pobreza de Estados Unidos. El Centro para Opciones de Población estima que en los últimos diez años el costo de mantenimiento de madres solteras en Estados Unidos se ha duplicado de $8 mil millones de dólares a $17 mil millones de dólares y sigue subiendo.

Más allá de los costos financieros, los bebés de madres solteras tienen tasas sumamente altas de enfermedad y mortalidad. A medida que crecen es mucho más probable que estos niños experimenten problemas educacionales, emocionales y de conducta. La tasa de maltrato de niños entre estos chicos es mucho más alta que el promedio nacional.

Parecería que la respuesta más inmediata al problema de los embarazos de solteras es el uso de anticonceptivos. Durante los últimos treinta años, se han desarrollado, mejorado, promovido y distribuido los anticonceptivos. Hoy día, los anticonceptivos de venta libre tales como las píldoras anticonceptivas orales de emergencia, los condones, las espumas y las esponjas están disponibles para cualquiera de cualquier edad. Luego de más de tres décadas de anticonceptivos libremente disponibles. Sin embargo, los casos de embarazado de mujeres solteras no han disminuido. De hecho, la mayoría de las estadísticas indica que el problema es significativamente peor que hace treinta años.

El principal problema con el uso de anticonceptivos en solteros menores es que se realiza en forma irresponsable o de ningún modo. La actitud prevaleciente en nuestra cultura parece ser contraproducente, habría una norma doble entre los solteros respecto de la actividad sexual. Por un lado, a la virginidad se la considera inmadura y no sofisticada. Al mismo tiempo, el sexo ilícito planificado previamente es algo inmoral. Ser barrido por la pasión es comprensible, perdonable y hasta deseable, pero planificar de antemano el sexo usando un anticonceptivo es considerado malo o al menos aburrido. Una persona expresó bien la actitud cuando dijo: "Si usara un anticonceptivo, entonces, tendría más relaciones sexuales. Entonces sería demasiado fácil. No creo que sea correcto. No he sido criada de esa forma".

Esta actitud la sostienen firmemente las personas a las que aconsejo. Me sorprendo por la cantidad de solteros que son supuestamente "sofisticados" y sexualmente "liberados", pero que, cuando son sinceros, viven un sentimiento profundo de culpa por el uso de anticonceptivos. Esto parece ser especialmente cierto en las mujeres,

que quieren evitar el estigma de ser livianas o estar disponibles; si
una mujer toma una píldora todos los días o lleva un diafragma en su
bolsa "por si acaso", tarde o temprano tendrá que enfrentar el hecho
de que estos términos no halagadores se aplican a ella.

Por supuesto, a la mayoría de las personas no les gusta pensar en
sí mismas como estadísticas. La mayoría de los solteros sexualmente
activos no piensan embarazarse. Sin embargo, muchos de ellos
pocas veces usan anticonceptivos. La mayoría de las mujeres solteras
esperaba o al menos albergaba la esperanza de que le ganaría a las
posibilidades. Por cierto hay excepciones a la estadística, pero son
raras. La mujer soltera que descubre que está embarazada tiene
cuatro opciones. La que elija profundamente cambiará su vida para
siempre y la vida de muchas otras personas. Ella puede:

1. Casarse para darle un hogar al niño con dos padres.
2. Criar sola al niño (tal vez casarse en un futuro).
3. Abortar al niño antes de que nazca.
4. Dar al niño en adopción.

Observemos algunas de las consecuencias de estas opciones:

Matrimonios prematuros

En la mayoría de los casos, el matrimonio debido a un embarazo
crea serios problemas. La relación en desarrollo de una pareja sufre
un corto circuito al verse obligados a hacer de madre y padre,
cosa que no han anticipado o no se han preparado para ello. Con
frecuencia comienzan a resentirse uno al otro y al niño. Detrás de ese
resentimiento casi siempre hay sentimientos de fracaso y frustración
por haber tenido que cambiar los planes, las metas y los ideales de
la vida. Las necesidades del niño junto con las necesidades de cada
uno de la pareja derivan en exigencias que son más grandes que la
mayoría de las relaciones jóvenes pueden soportar.

Estos matrimonios no siempre terminan en divorcio, pero la
comunicación pocas veces está bien desarrollada o si lo fue en algún
tiempo, por lo general se deteriora. Por lo general no se resuelven los

conflictos y la culpa se vuelve una parte inherente del matrimonio. Todos pierden. La mayor pérdida de todas la vive el niño inocente que nace sin opción ni preparación para la situación. Si bien la terapia profesional puede ser sumamente beneficiosa para estos matrimonios, la mayoría de las parejas jóvenes no buscan consejo.

padres no casados

Si bien hay excepciones, por lo general los padres involucrados en embarazos prematrimoniales están ausentes, no se involucran o están desinteresados. Una generación atrás se suponía que una pareja se casaría si la mujer estaba embarazada. Si bien el matrimonio resultante era por lo general menos que satisfactorio, el énfasis estaba en la responsabilidad, no en la satisfacción. Hoy día, los padres no casados pocas veces contribuyen financieramente a mantener a sus hijos.

Muchos estudios han demostrado que las familias encabezadas por madres jóvenes tienen muchas más probabilidades de vivir debajo de la línea de pobreza que otras familias. Las dificultades resultantes se ven reflejadas en las estadísticas citadas anteriormente, pero las dificultades van más allá de las estadísticas. Además de los problemas financieros, las personas involucradas con frecuencia tienen un concepto muy irreal de la maternidad (o de la paternidad). Incluso en un matrimonio ideal, el tiempo, la paciencia, la energía y el trabajo duro son necesarios para cuidar a un niño. Agréguele una tensión financiera; pérdida de una relación; cambio en los planes de vida; temores de dependencia; sentimientos de abandono, culpa y fracaso. Y puede comenzar a ver la complejidad de la paternidad y maternidad sin casamiento de por medio.

Con frecuencia olvidados en las estadísticas están los abuelos del nuevo bebé, si bien figuran muy significativamente en la imagen. Frecuentemente los padres de la mujer embarazada terminan en un papel de apoyo que no habían planificado y pueden sentirse resentidos. Sus propios sueños deben morir si desean sustentar adecuadamente a su hija.

A veces surge una competencia entre el abuelo y la madre en cuanto a "quién sabe más" y quién cría al niño. Los sentimientos de la nueva madre hacia sus padres son mezclados. No es inusual que ella sienta una combinación de gratitud y resentimiento. Esto causa una tensión adicional a la vez que los niveles de energía y paciencia son bajos para todos los involucrados.

El engaño del aborto

Es un hecho triste que el aborto en nuestra sociedad sea otra opción para la madre no casada. Tan controvertido como lo es el aborto, es la opción elegida en un abrumador número de casos. En el año 2000, 1.3 millones de mujeres estadounidenses se hicieron abortos. Esto llega al 21 por ciento de todos los embarazos. Este año más que un millón de adolescentes (de menos de veinte años de edad) se embarazarán. Eso significa más de 3.000 por día. Casi la mitad de esas chicas se harán abortos. A tasas normales, aproximadamente una de cada tres mujeres estadounidenses se habrá hecho un aborto para cuando cumpla los cuarenta y cinco años. Esto se correlaciona con una cifra de estudios que muestran que el cincuenta por ciento de los embarazos no deseados en los Estados Unidos terminan en abortos. Este asesinato masivo de seres humanos no nacidos es un comentario triste en los valores de nuestra sociedad.

Otra tragedia más respecto de estas estadísticas es que las consecuencias del aborto están significativamente mal representadas, minimizadas o ignoradas por quienes defienden el aborto y pocas veces son representadas a la futura madre. Muchos consideran al aborto como no más que un simple procedimiento médico. Esto está muy lejos de la verdad. El trauma emocional y espiritual es la regla y no la excepción para la futura madre.

Un estudio realizado por la doctora Anne Speckhard, citado en *Why Wait?* [¿Por qué esperar?], muestra muchas de las consecuencias emocionales del aborto a largo plazo (5 a 10 años más tarde). De las mujeres entrevistadas en ese estudio:

- Ochenta y un por ciento informó preocupación por el niño abortado.
- Setenta y tres por ciento informó recuerdos de la experiencia del aborto.
- Sesenta y nueve por ciento informó sentimientos de "locura" después del aborto.
- Cincuenta y cuatro por ciento recordó pesadillas relacionadas con el aborto.
- Treinta y cinco por ciento informó visitas del niño abortado.
- Veintitrés por ciento informó alucinaciones referidas al aborto.[4]

En los hallazgos de la doctora Speckhard, el setenta y dos por ciento de los sujetos dijeron que no tenían creencias religiosas en el momento del aborto y el noventa y seis por ciento en retrospectiva consideraron al aborto como tomar la vida de alguien u homicidio.

El aborto es mucho más que un procedimiento médico o moneda política. El aborto tiene efectos profundos, emocionales, psicológicos y espirituales, que no deben ignorarse. Si bien una profunda evaluación del tema está más allá del alcance de este libro, hay muchos otros libros buenos que sí lo tratan. Uno que yo recomiendo es *Abortion's Second Victim* [La segunda víctima del aborto] de Pam Corbel, publicado por Victor Books. La autora hace un profundo trabajo de explicar algunas de las ideas y mitos populares que rodean al aborto. También ofrece un discernimiento personal para los que necesitan ayuda en sanar las heridas relacionadas con el aborto.

La opción de la adopción

Las consecuencias a largo plazo de la adopción suelen ser menores y menos graves que las asociadas con las otras opciones. Con frecuencia es la opción más positiva porque por lo general brinda un hogar de amor para el niño así como cuidados médicos y apoyo emocional para la madre. Pero la adopción de ningún modo es una decisión fácil de tomar. Madres que han dado sus hijos recién nacidos a padres adoptivos por lo general expresan un profundo sentimiento de pérdida. Se vive un período de duelo, como si se estuviera ante una pérdida significativa.

El embarazo prematrimonial, con sus consecuencias trágicas y a largo plazo, es solo un lado de la espada de doble filo del sexo prematrimonial. El otro filo es tan destructor y puede ser un recordatorio mortal de opciones equivocadas.

Enfermedades de transmisión sexual

El sexo prematrimonial siempre conlleva la amenaza de las enfermedades de transmisión sexual. El efecto de esta consecuencia, como la del embarazo, va más allá de la pareja involucrada sexualmente. Amigos, familia y futuros compañeros sexuales se ven profundamente afectados como lo están los niños por nacer. También se ve afectada la comunidad médica, que trata la cantidad masiva de casos por año, así como la industria de seguros y el sistema de bienestar que pagan por ese diagnóstico y tratamiento. En algunos casos el diagnóstico es igualmente caro, si no más, que el tratamiento. Nuestra sociedad así sufre profundamente los efectos de esta consecuencia sexual, los resultados de decisiones personales individuales respecto de las normas sexuales.

Karen era una asistente de vuelo atractiva, soltera, de veinticuatro años. Aunque era muy popular socialmente y tenía muchos novios, había estado involucrada sexualmente solo dos veces, ambas con hombres a los que quería profundamente.

"No puedo creerlo". Las palabras de Karen casi no podían ser entendidas por sus sollozos. "Simplemente no puedo creerlo. ¿Por qué Dios permitiría que esto sucediera? ¿Qué voy a hacer?"

Unas pocas horas antes de nuestro encuentro, el médico de su familia le había diagnosticado que había contraído herpes genital. Comprendió que no había cura para la enfermedad y que tenía la potencialidad de contagiarlo durante el resto de su vida a cualquier persona con la que tuviera relaciones sexuales. La desesperación de sus palabras sigue resonando en mi memoria: "¿Qué hombre cristiano sano va a arriesgarse a casarse conmigo ahora? Si solo..."

Todos los días miles de individuos contraen enfermedades de transmisión sexual. Para ellos no hay palabras de consuelo que hagan que se vaya el problema. Muchas enfermedades de transmisión sexual están ocurriendo en proporciones epidémicas y con frecuencia coexisten. Según una estimación de la Asociación de Salud Social Estadounidense, aproximadamente 30.000 casos nuevos de enfermedades de transmisión sexual se informan cada día. Luego del resfrío común, la gonorrea y la sífilis son, de hecho, dos de las enfermedades infecciosas más comunes en los Estados Unidos. Este problema no es pequeño, considerando los posibles efectos. Varias de las enfermedades de transmisión sexual no tienen cura, ni siquiera tratamiento. Muchos terminan en la muerte.

Al hablar con personas en mi práctica, incluso en la docencia, con frecuencia me asombra su ignorancia respecto de estas enfermedades. En una cultura que promueve la actividad sexual tan intensamente como lo hace la nuestra, hemos evitado cuidadosamente tratar los evidentes peligros y riesgos de salud que van de la mano con un estilo de vida sexualmente liberal. Hasta cierto grado, los resultados de esa ignorancia son las enfermedades tratadas en el resto de este capítulo.

De ningún modo es este un tratamiento exhaustivo de todos los peligros de la salud relacionados con la conducta sexual. Solo intenta dar una breve descripción y referencia de las principales o más comunes enfermedades de transmisión sexual. Si tiene alguno de los síntomas descritos aquí o si tiene motivos para creer que ha contraído una enfermedad de transmisión sexual, consulte con su médico y explíquele sus temores. No lo dude, ninguna de estas enfermedades debe ignorarse.

Si alguno de los términos y descripciones no le resultan claros, le recomiendo el libro en inglés *Intended for Pleasure* [Con intención de placer] de Ed Wheat y Gaye Wheat en busca de ejemplos y descripciones del funcionamiento de los sistemas reproductivos del hombre y la mujer.[5]

visión general de las enfermedades de transmisión sexual

Deben entenderse algunos principios sobre las enfermedades de transmisión sexual. Primero, si a un individuo se le diagnostica una de estas enfermedades, lo más probable es que tenga por lo menos una, y con frecuencia, más. La infección con cualquier enfermedad de transmisión sexual aumenta la probabilidad de que una persona adquiera más de estas enfermedades. Esto se debe a que al contraer una se crean mayores factores de riesgo para contraer otras, además se baja el sistema inmune de defensas del cuerpo mientras está trabajando para controlar o eliminar una infección. Un sistema inmune bajo es especialmente cierto en el caso de la infección del virus de inmunodeficiencia humana (VIH), que ocasiona el síndrome de deficiencia inmune adquirido (SIDA). En segundo lugar, este tipo de enfermedades afectan a las mujeres a una tasa mucho mayor que a los hombres y las minorías suelen verse afectadas a una tasa mucho mayor que las no minorías. En tercer lugar, las enfermedades bacterianas de transmisión sexual (gonorrea, clamidia, vaginosis bacteriana y sífilis) pueden tratarse y curarse con antibióticos. Las enfermedades de este tipo pero virales (herpes, hepatitis, virus de papiloma humano y VIH) no tienen cura. Los medicamentos antivirales pueden, sin embargo, usarse en algunas de estas enfermedades para reducir al mínimo la duración de los síntomas o para reducir cuán rápido el virus se duplica en el cuerpo. Finalmente, los condones usados consistente y correctamente pueden reducir en forma importante la transmisión de esas enfermedades que se transmiten a través de fluidos corporales (gonorrea, clamidia, VIH y hepatitis). Del mismo modo, los condones pueden proporcionar poca o ninguna protección ante las enfermedades de transmisión sexual que se transmiten por contacto directo de la piel (sífilis, HPV y herpes).

Enfermedades bacterianas de transmisión sexual

Las enfermedades sexualmente transmitidas ocasionadas por bacterias pueden tratarse y curarse con el uso de antibióticos.

Gonorrea

La gonorrea es causada por una bacteria llamada *Neisseria gonorrhoeae*. De acuerdo al CDC, la gonorrea infecta a más de 650.000 personas por año y más de la mitad de las enfermedades informadas en los Estados Unidos involucran a personas de menos de veinticinco años de edad.

La *Neisseria gonorrhoeae* se transmite sexualmente básicamente a través de fluidos corporales tales como el semen, la saliva y las secreciones vaginales y no puede sobrevivir fuera de las membranas mucosas cálidas. Un condón usado correcta y consistentemente minimizará la transmisión de gonorrea. No es posible contraer la enfermedad de asientos de baño, toallas o vasos para beber. La gonorrea primaria (fuente de la primera infección que se puede detectar) puede transmitirse oralmente, aunque los casos son raros.

Síntomas: Según el Departamento de Salud Pública del Condado King de Seattle, algunos hombres (diez por ciento) y la mayoría de las mujeres (cincuenta por ciento) no experimentan síntomas hasta que la enfermedad ha dañado gravemente sus órganos reproductores. Para algunas mujeres, la enfermedad no se detecta hasta que ha llegado a este estado avanzado. Debido a que la norma de cuidado está cambiando y los individuos sexualmente activos han sido estudiados para una variedad de enfermedades de transmisión sexual con sus exámenes de rutina, la gonorrea y otras enfermedades de transmisión sexual pueden, mayormente, ser detectadas y tratadas antes de que surjan complicaciones serias. Los síntomas más comunes, cuando son evidentes, son:

- En los hombres: En las primeras etapas, sensaciones de ardor durante la orina o descarga turbia del pene, epididimitis, prostatitis, dolor anal y ocasionalmente dolor de garganta. En las últimas etapas, hinchazón en la base del testículo o inflamación de la piel del escroto y, rara vez, artritis.

- En las mujeres: En las primeras etapas, una descarga vaginal verdosa o amarillenta y ocasionalmente relacionada con dolor, aunque esto es raro. Las mujeres pueden también sentir dolor al orinar, dolor rectal y dolor de garganta. En las últimas etapas, enfermedad inflamatoria pélvica (*PID* en inglés), dolor abdominal y, rara vez, artritis.

Tratamiento: En la década de 1970 surgió una nueva cadena mutante de bacterias de gonorrea que es más resistente que las más antiguas y resiste a la penicilina. Se cree que esta cadena resistente se desarrolló en el sudeste de Asia como resultado del uso de penicilina del mercado negro en bajas dosis por parte de prostitutas vietnamesas. Estas bajas dosis de penicilina mataban solo los organismos débiles y permitían que las bacterias más fuertes sobrevivieran y crearan una resistencia a la penicilina. Por lo tanto, debido a este aumento en la resistencia al antibiótico, al tratamiento inadecuado y al mal cumplimiento del paciente, la penicilina ya no es la primera droga de elección al tratar la gonorrea. En cambio se usan típicamente *cefalosporinas* o *fluoroquinolones* para curar la gonorrea; son bastante más caras que la penicilina. Todas las parejas sexuales deben ser tratadas simultáneamente para evitar que se vuelvan a infectar uno al otro. La resistencia al antibiótico sigue siendo un problema, requiriendo una terapia cara y prolongada. La mayor parte de la gente responde bien al tratamiento si el problema se diagnostica lo bastante temprano y con frecuencia se recomienda una evaluación postratamiento para estar seguros de que la infección se ha curado. Sin embargo, en aproximadamente el diez por ciento de los casos, son más resistentes y requieren un tratamiento extenso y costoso.

Complicaciones: Como se mencionó anteriormente, el cincuenta por ciento de las mujeres no tienen síntomas observables hasta que los órganos reproductores están muy involucrados. Así, es común que las mujeres difundan la enfermedad a parejas sexuales porque no son concientes de que tienen la enfermedad. Por lo menos la mitad de las mujeres que permanecen sin tratamiento durante dos o más meses se infectan en toda la vagina, cuello del útero, útero y trompas de Falopio. La bacteria se difunde muy rápidamente durante la menstruación, que es también el momento en que una mujer probablemente experimente síntomas de infección. No es hasta que la bacteria viaja fuera de las trompas de Falopio dentro de la cavidad abdominal a los ovarios que se presentan síntomas pélvicos notorios, ocasionando una condición llamada PID. Los síntomas del PID incluyen ciclos menstruales interrumpidos, fiebre, dolor de cabeza, vómitos, dolor en el bajo abdomen y, en el veinte al treinta por ciento de las mujeres, infertilidad o esterilización.

Con frecuencia se forma un tejido cicatrizado en las trompas de Falopio, parcial o totalmente bloqueando el tubo. Cuando esto sucede, una célula de esperma puede tratar de desviar un área parcialmente bloqueada y fertilizar un óvulo que no llega al útero a través del área bloqueada. El resultado, embarazo ectópico, es un peligro muy serio y que pone en peligro la vida de la mujer. Debe abortarse el óvulo fertilizado para proteger la vida de la madre. Si la trompa de Falopio está completamente ocluida, la fertilización no puede producirse y la mujer es infértil.

Un niño que nace de una mujer infectada con gonorrea puede contraer infección ocular del canal de parto. Por lo general se aplica en el parto ungüento de nitrato de plata para evitar serias complicaciones. Algunos adultos han contraído infección ocular gonococal por tocar sus ojos inmediatamente después de tocar sus genitales.

Sífilis

Esta es una enfermedad de transmisión muy grave, si bien menos común que la gonorrea. En 1999, el CDC informó 35.600 nuevos casos en Estados Unidos. Las cifras han ido creciendo cada año a partir de ese momento. La sífilis es causada por una bacteria delgada, con forma de tirabuzón (*Treponema pallidum*) llamada espiroqueta. Como la bacteria de la gonorrea, la espiroqueta requiere un entorno cálido y húmedo para sobrevivir. La sífilis se transmite a través del contacto de piel con piel, con frecuencia por contacto sexual. Esta bacteria pasa de una persona infectada a su pareja a través de lesiones menores de las membranas de la mucosa o aperturas en la piel de los genitales internos. Las lesiones de la sífilis están usualmente en el área genital, pero pueden estar en cualquier lugar de la piel, como la boca, los labios o el abdomen. Un condón bien usado puede o tal vez no pueda evitar la transmisión de esta enfermedad. La sífilis es una de las enfermedades de transmisión sexual que puede terminar en la muerte.

Síntomas: La enfermedad progresa a través de tres etapas de desarrollo. (La terminología médica actual se refiere a tres etapas: Primaria, secundaria y latente [o terciaria]. La sífilis latente o terciaria es con frecuencia intercambiable, y se subdivide en latente temprana, latente tardía y duración desconocida según el CDC. La terminología es muy confusa.)

Sífilis primaria: De dos a seis semanas de la exposición, aparece una herida pequeña, indolora, o chancro, en el sitio de la infección junto con nudos linfáticos agrandados por donde la espiroqueta entró al cuerpo, habitualmente en el área genital o la boca. Puesto que la herida es pequeña e indolora, puede pasar inadvertida. El chancro generalmente sanará en una a cinco semanas. Después que sana generalmente no hay síntomas de sífilis durante varias semanas, aunque la persona puede seguir infectando a otros. Después de varias semanas de permanecer así, la enfermedad avanza a la segunda etapa.

Sífilis secundaria: Durante esta etapa, una urticaria dérmica se desarrolla en el cuerpo, habitualmente unas semanas (o hasta seis meses) después de que aparece el chancro. Esta urticaria no duele ni pica. Algunas personas casi no se dan cuenta de que la tienen, mientras que para otras es muy notorio, con bultos duros y elevados.

Si la persona no busca tratamiento en esta etapa, la enfermedad entra a la muy peligrosa tercera etapa.

Sífilis latente: Inicialmente, durante una etapa latente, u oculta, etapa de sífilis, puede que no haya síntomas visibles durante varios años. Sin embargo, los organismos continúan multiplicándose. Después de un año en la etapa latente la persona ya no contagia a sus parejas sexuales.

La progresión de la sífilis latente es sumamente seria y con frecuencia deriva en muerte. Los síntomas pueden aparecer después de la sífilis secundaria, en algunos casos años después de la infección inicial. Estos síntomas pueden incluir tumores en la piel, los huesos, los pulmones y el hígado; ceguera; ruptura de vasos sanguíneos; cardiopatías y graves disturbios mentales.

Tratamiento: El tratamiento curativo para la sífilis es la penicilina, a no ser que la persona sea alérgica a ella, en cuyo caso se da tetraciclina o doxiciclina. Puesto que puede no haber síntomas evidentes en la sífilis, una persona debe hacerse varios análisis de sangre después del tratamiento para estar seguro de que está libre del organismo.

Complicaciones: Una mujer embarazada infectada puede en cualquier etapa de la infección pasarle la enfermedad al feto a través de la placenta, después del primer trimestre del embarazo, la sífilis puede ocasionar daño o muerte en los bebés infectados. Por ende, es muy importante que cualquier mujer con incluso una remota posibilidad de infección que pase por los análisis durante los primeros tres meses de embarazo. La sífilis latente en cualquier individuo tiene complicaciones muy severas.

Clamidia tracomatis

Ocasionada por una bacteria, *Clamidia tracomatis*, la clamidia es la infección más común y más frecuentemente reportada de bacterias en Estados Unidos. El CDC calcula que el cincuenta por ciento de las mujeres sexualmente activas tienen evidencia de infección clamidial hacia los treinta años. Las adolescentes, de quince a diecinueve años, tienen el índice más elevado de infección, representando el cuarenta y seis por ciento de infecciones informadas. El CDC informa que un promedio de tres millones de casos de clamidia se informan por año en Estados Unidos, con el cincuenta por ciento de los hombres y el setenta y cinco por ciento de las mujeres que no presentan síntomas.

Una mujer infectada con clamidia tiene de tres a cinco veces más probabilidades que se infecte con VIH. La bacteria clamidia puede sobrevivir fuera del cuerpo durante varias horas en un entorno húmedo. Sin embargo, se transmite a través de los fluidos corporales (fluido preseminal, semen, secreciones vaginales, rectales y saliva) durante el contacto sexual genital. La clamidia no se transmite a través de un contacto casual, asientos de baño, toallas o ropa de lavar. Un condón usado correcta y de forma consecuente reduce de manera significativa o evita la transmisión de la clamidia.

Síntomas: Según el Departamento de Salud Pública del Condado King en Seattle, el ochenta por ciento de las mujeres y el cincuenta por ciento de hombres con infección de clamidia no presentan síntomas y es probable que transmitan la infección a sus parejas sexuales. Sin embargo, si una mujer experimenta síntomas, típicamente describirá una descarga vaginal, dolor al orinar y ocasionalmente dolor en las glándulas de Bartolino. Al igual que la gonorrea, una infección que ha avanzado a través del útero a las trompas de Falopio puede presentar PID, lo que resulta en dolor pélvico, abdominal, dolor de espalda, náuseas, fiebre, relaciones sexuales dolorosas o manchado entre períodos menstruales. La infección del tracto reproductivo superior puede, como la gonorrea, causar daño irreversible y permanente, derivando en infertilidad y en un posible embarazo ectópico que amenace la vida.

Los hombres sintomáticos advertirán una descarga desde el pene acompañada por dolor al orinar. En ocasiones, los hombres también experimentan ardor o picazón del *meatus* (apertura del pene) así como también un agrandamiento y dolor en la próstata e hinchazón de los testículos. También es posible que los hombres se vuelvan infértiles por la infección de la clamidia.

La clamidia es una infección bacteriana y puede curarse con un antibiótico. Los antibióticos más comunes usados para tratar la clamidia son azitromicina, doxiciclina o eritromicina. Al igual que con la gonorrea, la resistencia a los antibióticos es cada vez más problemática.

Complicaciones: Con frecuencia, las personas infectadas con clamidia también sufren de gonorrea. Por ende, el CDC recomienda que las personas tratadas por clamidia también sean tratadas por gonorrea. Como se dijo antes, la infección con clamidia no diagnosticada o no tratada puede tener efectos devastadores tales como infertilidad, dolor crónico y embarazo ectópico que pone en riesgo la vida. Estas complicaciones, no particulares de la infección con clamidia, están estrechamente relacionadas con otros temas de salud tales como la depresión y otras enfermedades mentales.

Vaginosis bacteriana

La vaginosis bacteriana (BV en inglés) es una infección poco comprendida pero común en mujeres en edad reproductiva ocasionada por un desequilibrio de las bacterias que normalmente se encuentran en la vagina de una mujer. Si bien se la considera una enfermedad de transmisión sexual, la BV, sin embargo, se desarrolla por muchas razones que no están relacionadas con la actividad sexual, tal como las duchas vaginales. Las mujeres sexualmente activas con nueva pareja o parejas múltiples tienen más probabilidades de contraer BV. La BV no se transmite a través de toallas, asientos de baño u otro contacto. No queda muy claro si un condón reduce la incidencia de la infección BV.

Síntomas: Las mujeres con BV son típicamente sintomáticas y advertirán un flujo de blanco a gris, acuoso, con un olor característico especialmente después de tener relaciones. Las mujeres informarán ocasionalmente de dolor al orinar, así como también irritación externa genital o vaginal. Muchas mujeres no advierten ningún síntoma.

Tratamiento: El tratamiento curativo para la BV es un medicamento llamado metronidazol o clindamicina. El metronidazol suele tener algunos efectos secundarios. Los hombres de la pareja generalmente no requieren tratamiento para la BV.

Complicaciones: Como todas las enfermedades de transmisión sexual, la BV incrementa el riesgo de adquirir otra de estas enfermedades. Las mujeres embarazadas tienen un riesgo especialmente mayor de desarrollar complicaciones con infecciones de BV porque las bacterias que ocasionan la infección precipitan la ruptura prematura de las membranas, dando por resultado partos prematuros y bebés de bajo peso al nacer. También se sabe que la BV, como la gonorrea y la clamidia, pueden viajar por el útero y las trompas de Falopio dentro de la cavidad pélvica, causando PID o dolor pélvico y abdominal. Las trompas de Falopio pueden presentar cicatrices y verse dañadas por la infección del tracto reproductivo superior, ocasionando infertilidad o embarazos ectópicos.

Enfermedades virales de transmisión sexual

Las enfermedades de transmisión sexual causadas por virus pueden tratarse, pero no curarse. En algunas enfermedades, el sistema inmunológico del cuerpo puede eliminar el virus, suprimirlo o hacer anticuerpos en contra del virus, que puede o no dar inmunidad para toda la vida contra la enfermedad.

Virus papiloma humano

El virus papiloma humano (*HPV* en inglés) es el virus que causa verrugas, incluso verrugas genitales. Hay más de cien tipos diferentes de HPV, treinta de los cuales se transmiten sexualmente y causan verrugas genitales o, lo que es más grave, infección subclínica. La infección subclínica significa que no hay señal visible (verruga genital). Existe una relación bien investigada y documentada entre la infección HPV y algunos tipos de cáncer, particularmente cáncer cervical en mujeres. De las treinta cadenas transmitidas sexualmente del HPV, cuatro cadenas, los números 16, 18, 31 y 45, se sabe que causan más del noventa y cinco por ciento de todos los casos de cáncer cervical. A estas cadenas con frecuencia se hace referencia como HPV de "alto riesgo", suelen persistir y son difíciles de tratar. Las verrugas genitales visibles pueden tratarse con una variedad de modalidades tratadas más adelante, pero la infección subclínica es más común que las verrugas genitales y para ella no existe tratamiento disponible.

El HPV genital es la más común de las enfermedades de transmisión sexual. El CDC calcula que aproximadamente veinte millones de personas en Estados Unidos tienen HPV. Cada año se estima que 5.5 millones de estadounidenses vuelven a infectarse con ese virus. Puesto que, una cantidad significativa de personas tienen infección subclínica, no son concientes de su infección y se la transmiten a sus parejas. El HPV se transmite por contacto directo piel con piel y, así, puede que un condón no evite la transmisión del virus.

Es posible que un niño pequeño desarrolle HPV en el proceso de parto, si bien esto es raro. Si la infección se presenta, generalmente habrá verrugas genitales en la boca y en la garganta del lactante.

Síntomas: En la mayoría de los casos de infección genital HPV no hay signos visibles y la persona infectada no es consciente de la infección, pero es capaz de transmitírsela a una pareja sexual. En las mujeres, la infección HPV con mayor frecuencia a partir de un PAP realizado como examen de rutina. Es fundamental que las mujeres sexualmente activas se hagan exámenes regulares y PAP para detectar infección de HPV.

Las verrugas genitales son el síntoma más comúnmente visible de la infección con HPV y aparece como hinchazones suaves, húmedas, color de rosa o rojas, o como verrugas chatas o elevadas en la piel de las membranas mucosas. Las verrugas ocasionalmente se agruparán y tendrán el aspecto de una coliflor. Típicamente, estas verrugas genitales aparecerán de tres a doce semanas a partir de la infección. Sin embargo, en algunos casos pueden pasar varios meses o incluso años antes de que aparezca una verruga.

Tratamiento: Puesto que HPV es un virus, no hay cura. La investigación demuestra que algunas infecciones de HPV se van por el sistema inmunológico del cuerpo. Sin embargo, la reactivación y el volverse a infectar con el virus son comunes entre personas activas sexualmente.

Se pueden usar una variedad de modalidades para tratar las verrugas genitales, según su tamaño y ubicación. Las verrugas genitales con frecuencia se congelan con nitrógeno líquido o se las trata químicamente con podofilum, ácido tricloroacético o ácido bicloroacético. Los medicamentos de recetas aplicadas al paciente llamadas *podofilox* y la crema *imiquimod* también están disponibles. La mayoría de las lesiones requieren varios tratamientos, y las lesiones extensas pueden requerir remoción quirúrgica.

No hay tratamiento disponible para la infección subclínica de HPV, nuevamente acentuamos la importancia de un PAP de rutina. Las cadenas de alto riesgo de HPV (16, 18, 31 y 45) pueden ocasionar cambios en células precancerosas tanto en hombres como en mujeres, lo que puede derivar en cáncer. Las células anormales por lo general toman de cinco a diez años para desarrollar un cáncer. Si las células anormales se detectan antes del desarrollo del cáncer, se las quita por medio de una cirugía. Es necesario el seguimiento frecuente y regular con un médico para buscar células residuales o anormales nuevamente desarrolladas. En algunos casos de infección HPV con cadenas de alto riesgo, el sistema inmunológico del cuerpo puede limpiar la infección.

Complicaciones: El cáncer tanto en el hombre como en la mujer es la complicación más peligrosa de la infección con HPV. Más del noventa y cinco por ciento de todo el cáncer cervical en mujeres es causado por el HPV. Las personas infectadas con HPV corren un riesgo mayor de adquirir otras enfermedades de transmisión sexual como VIH. Ocasionalmente un recién nacido puede desarrollar una infección HPV durante el parto. En algunos casos, las verrugas genitales pueden agrandarse durante el embarazo y algunos tratamientos pueden dañar al feto en la matriz.

Herpes genital

El herpes genital es una enfermedad de transmisión sexual ocasionada por el virus herpes simples (*HSV* en inglés). Ya que el HSV es un virus, no hay cura disponible. La transmisión es por contacto directo piel a piel. Así, un condón correctamente usado puede o no ser eficaz para evitar la transmisión de esta enfermedad. Hay dos tipos de virus herpes. El HSV tipo 1 se manifiesta generalmente como ampollas en la boca, los labios o la nariz y rara vez en el área genital. El HSV tipo 2 por lo general se manifiesta en el área genital y rara vez en la oral. La primera aparición ya sea con HSV1 o HSV2 es típicamente la más larga en duración y la más dolorosa, tomando de dos a cuatro semanas para irse. Las apariciones subsecuentes suelen ser menos frecuente y menos severas. El HSV es único en cuanto que uno puede transmitir el virus sin saberlo durante períodos de incubación subclínica o asintomática, lo que se detalla más adelante. El HSV2 será tratado aquí.

HSV2: Este virus afecta actualmente a sesenta millones de personas en Estados Unidos, con 500.000 a un millón de nuevos casos informados cada año. Como se advirtió antes, el herpes se difunde a través del contacto sexual directo piel a piel y de los besos cuando hay ampollas presentes, y al tocar ampollas activas. El virus puede sobrevivir durante horas en objetos tales como toallas, vasos y asientos de baño, pero los expertos dicen que contraer herpes de esas fuentes, aunque es posible, es raro. También es posible transmitir la infección, sin embargo, durante la infección subclínica y asintomática, cuando la persona infectada está con el virus vivo y activo, pero no tiene señales (ampollas) ni síntomas (picazón, dolor) de infección. La incubación asintomática es especialmente problemática durante el parto. Es una suerte que el herpes neonatal sea raro, pero es una condición sumamente grave para el recién nacido que puede resultar en la muerte o en discapacidades permanentes.

Síntomas: Uno o más bultos (o "pápulas"), agrupamientos de ampollas o vesículas se forman en el área genital. Aparecen generalmente entre ocho y catorce días después del contacto con una persona infectada, si bien pueden aparecer tanto como veinte días después de la exposición sexual. Estas pápulas pronto se convierten en ampollas llenas de un líquido claro que contiene el virus. Este líquido es sumamente infeccioso y se puede convertir en pus mientras las células blancas del cuerpo atacan al virus. Las ampollas derivan en ulceraciones del área afectada y son bastante dolorosas en la mayoría de las personas. Cuando se rompen las ampollas y se forman lastimaduras húmedas y dolorosas, la enfermedad está en su etapa de mayor contagio. Las ampollas finalmente forman una costra y comienzan a sanar, lo que puede llegar a llevar tanto como diez días. Previa aparición, puede presentarse una sensación de picazón, temblor o ardor donde aparecerá finalmente la ampolla. Estos síntomas se conocen como el *prodrome* porque indican la última aparición de ampollas en los siguientes dos días. Los síntomas *prodrome* pueden ser útiles en el momento de aplicar los medicamentos así como para reducir la transmisión de la infección.

Otros síntomas comunes del herpes genital son hinchazón de glándulas, dolores musculares, fiebre y dolor al orinar. Con frecuencia la víctima no puede caminar ni sentarse y los síntomas pueden durar de cuatro a seis semanas. Algunas personas con herpes nunca desarrollan síntomas y pueden, como se mencionó previamente, transmitir el virus sin saberlo.

Incluso después de que se curen las ampollas, el virus no se va. Una vez que una persona se infectó, él o ella estará infectado de por vida. El virus se coloca en una terminación nerviosa de la médula y descansa en las células del nervio adyacente a la espina dorsal inferior. Con frecuencia los síntomas reaparecen periódicamente y suelen ser peores en el primer año luego de la primera aparición. Puesto que HSV reside en estados latentes en la raíz de la espina dorsal, siempre habrá apariciones a lo largo de la misma, resultando en ampollas en la misma ubicación. Si una persona tiene ampollas en más de una zona del cuerpo, más de un nervio de la espina dorsal alberga al virus.

Tratamiento: A estas alturas, no existe ninguna cura para el herpes virus. Los medicamentos orales como el *aciclovir* pueden, sin embargo, evitar o reducir la velocidad de la replicación del virus, limitando así la gravedad y duración de los síntomas. En apariciones recurrentes, la medicación antiviral es la más eficaz si se la toma durante el período prodromo. La mayoría de los tratamientos han sido diseñados para evitar apariciones recurrentes o para minimizar los síntomas, para aliviar el dolor y la incomodidad durante una aparición. También hay disponibles antivirales analgésicos tópicos que pueden aplicarse en el área infectada, pero se prefieren generalmente los medicamentos orales a los tópicos.

Complicaciones: Hay dos complicaciones del herpes posibles en las mujeres. Primero, el riesgo de desarrollar cáncer del cuello de útero es de cinco a ocho veces mayor en las mujeres que sufren de herpes genital que en la población general. Una vez que un individuo es infectado con HSV, él o ella lo tendrán para toda la vida. Segundo, un recién nacido tiene altísimas posibilidades de infectarse con el herpes genital al pasar por el canal de parto. Generalmente, cuando este riesgo es alto, se hace una cesárea para minimizar el riesgo del niño, pero este procedimiento tiene su propio conjunto de factores de riesgo para la madre. Casi el sesenta y cinco por ciento de recién nacidos infectados que adquieren HSV durante el parto tendrán una discapacidad grave o morirán. Las ampollas abiertas del herpes son sumamente contagiosas. El virus puede difundirse fácil y rápidamente a zonas adyacentes. Es importante tanto para la persona infectada como para los demás evitar tocar las lastimaduras. Al tocar una y luego tocar otra parte del cuerpo, es posible difundir la infección. Esto ha resultado en grave lesión ocular en muchos casos en los que se tocaron los ojos después de haberse tocado las ampollas. Estudios recientes indican que el herpes genital puede transmitirse incluso cuando no haya síntomas durante períodos de incubación.

Virus de inmunodeficiencia humana (VIH) y Síndrome de inmunodeficiencia adquirida (SIDA)

El VIH, identificado por primera vez en 1983, es el virus que ocasiona el SIDA, que fue identificado en 1981. VIH y SIDA no son sinónimos. El VIH ataca y mata las células blancas sanguíneas conocidas como células T, destruyendo VIH la capacidad del cuerpo de luchar contra la infección y resultando en inmunodeficiencia. El CDC brinda criterios específicos para diferenciar la infección por VIH del SIDA. Queda mucho por aprender sobre el VIH y el SIDA. El VIH se disemina a través de los líquidos del cuerpo (fluido preseminal, semen, secreciones de la vagina, sangre, saliva y leche materna), contacto sexual, el intercambio de líquidos del cuerpo y compartiendo agujas intravenosas. El VIH es un virus muy frágil y no sobrevive fuera del cuerpo. Se desactiva rápidamente al exponerlo al aire, al jabón o a los desinfectantes. Según el CDC, de 850.000 a 900.000 estadounidenses tienen VIH, muchos de los cuales no son concientes de su infección. En todo el mundo, ocurren aproximadamente 14.000 infecciones nuevas por día. Toma entre ocho y diez años desde que la persona adquiere una infección con VIH hasta que se desarrolle en SIDA.

Síntomas: Aproximadamente del cincuenta al noventa por ciento de las personas recientemente infectadas con VIH describirá síntomas como de gripe que duran entre dos semanas y tres meses, mientras que otras personas niegan los síntomas. El desarrollo del SIDA como resultado de una infección con VIH toma, en la mayoría de la gente, entre ocho y diez años, como mencionamos anteriormente. Puesto que el SIDA tiene un largo período de latencia (por lo general de cinco a siete años), puede que no aparezcan síntomas tempranos inmediatamente después de haber contraído la enfermedad. Luego del período de latencia, se indicará un empeoramiento del sistema inmunológico por una amplia gama de síntomas del SIDA, incluyendo, pero no limitándose a la inflamación de ganglios linfáticos, fatiga, fiebre, sudores nocturnos, diarrea, pérdida de peso, infección persistente de levadura y sarcoma de Kaposi, una forma agresiva de cáncer ocasionado por el herpes virus, así como también otros tipos de cáncer. Con frecuencia, se presentan problemas mentales y neurológicos mientras el virus comienza a invadir las células cerebrales. Olvidos, demencia, dificultad en el habla, temblores y ataques aumentan gradualmente de gravedad.

Tratamiento: Hay disponible un arsenal de drogas antivirales aprobadas para tratar la infección del VIH, pero al presente, no existe cura para el VIH o el SIDA. Los medicamentos no eliminan el virus del cuerpo, pero interfieren con la replicación del virus dentro de las células afectadas. Una combinación de medicamentos se usa para tratar el VIH debido a la capacidad del virus de volverse resistente a cualquier otra droga. Se están haciendo investigaciones extensas para crear una vacuna para el VIH, pero pasarán varios años, si es que alguna vez se la consigue, debido a la capacidad de mutar del virus. Muchos de los medicamentos tienen interacciones de drogas con otros medicamentos y tienen un extenso perfil de efectos colaterales. No hay tratamiento eficaz para el VIH o el SIDA.

Complicaciones: Las infecciones en VIH finalmente llevan al SIDA, que finalmente lleva a la muerte. Las personas con VIH y

SIDA son propensas a una variedad de enfermedades debido a un sistema inmunológico comprometido. No se supo de nadie que se haya recuperado del HIV o del SIDA.

Hepatitis viral

La hepatitis es una inflamación del hígado que puede estar causada por varios factores y los virus son uno de ellos. Hay varios tipos de hepatitis viral, pero el virus de la hepatitis A (HAV [en inglés] o Hep. A), el virus de la hepatitis B (HBV [en inglés] o Hep. B) y el virus de la hepatitis C (HCV [en inglés] o Hep. C) son de transmisión sexual. Cabe advertir, sin embargo, que una persona puede contraer hepatitis A, B o C de muchas maneras que no tienen nada que ver con la transmisión sexual.

La hepatitis A se transmite por una ruta oral o fecal. En el contexto de la transmisión sexual, se la adquiere típicamente a través del sexo anal y oral. Los síntomas por lo general se producen de dos a seis semanas después de la exposición y la recuperación absoluta generalmente sucede en tres semanas. El HAV se limita a sí mismo y la gran mayoría de la gente se recuperará por completo pero no desarrollará inmunidad de por vida. Hay disponible una serie de vacunas en dos partes que puede brindar protección durante varios años.

La hepatitis B se transmite, como el VIH, a través de los fluidos corporales. También es posible transmitir HBV al compartir productos de higiene personal como cepillos de uñas y de dientes con una persona infectada. La mayoría de los adultos, aproximadamente el noventa por ciento, que adquieren HBV se recuperará por completo y desarrollará anticuerpos contra la infección, obteniendo así inmunidad de por vida. Estas personas no transmitirán la infección a otros. Del aproximadamente diez por ciento que no se recupera por completo, la mitad desarrollará una lesión en el hígado y es probable que muera y la otra mitad se volverá portador crónico de hepatitis B. Los portadores crónicos son capaces de transmitir la infección a otras personas aunque ya no tengan síntomas. Las personas infectadas con HBV generalmente desarrollan síntomas en seis semanas a seis meses (el promedio es de dos meses) y la mayoría se recuperará en tres semanas. Hay una serie de vacunas en tres partes que brinda protección contra HBV.

La hepatitis C también se transmite a través de los fluidos corporales y de compartir los productos de higiene personal y es bastante común en la población que usa agujas intravenosas. El HCV es un virus bastante estable fuera del cuerpo y en algunos casos puede permanecer activo durante días o semanas. La transmisión sexual es posible, pero no es común. Este virus típicamente infecta a una persona y permanece relativamente latente en sangre. Si bien las personas infectadas con HCV han desarrollado anticuerpos, sí se recuperan o tienen inmunidad de por vida, y pueden transmitir el virus a otras personas que tomen contacto con sus fluidos corporales. El Departamento de Salud Pública del Condado King de Seattle estima que 3.5 millones de estadounidenses tienen HCV crónica, y que el setenta y cinco al ochenta y cinco por ciento de ellos se vuelven portadores crónicos. También, el ochenta por ciento de los portadores crónicos sufren solo una leve lesión en el hígado con síntomas mínimos o sin síntomas, mientras que del diez al veinte por ciento desarrolla problemas graves de hígado de veinte a treinta años después de la infección inicial.

Síntomas: Los síntomas de HAV, HBV y HCV son similares. Las personas más sintomáticas los describirían como una gripe tales como náuseas, vómitos, pérdida del apetito, fiebre y dolor abdominal, así como también orina amarilla oscura. Algunas personas no desarrollan ningún síntoma.

Tratamiento: Como con todos los virus, no hay cura para estas infecciones y el tratamiento generalmente es brindar medidas que aminoren los síntomas. HAV se limita a sí misma, pero es posible volverse a infectar con el virus. Hay disponible una inyección de inmunoglobulina que si se aplica dentro de un marco temporal después que se sabe la exposición, evitará el desarrollo de HAV. El mejor tratamiento es la prevención de HAV. La mayor parte de las personas con infección por HBV se recuperará y desarrollará una inmunidad de por vida. Al igual que con el HAV, hay disponible una inmunoglobulina HBV si se sabe de la exposición y la prevención es el mejor tratamiento. El tratamiento de HCV es complicado. Como con otras enfermedades virales, hay disponible medicación antiviral, pero estos medicamentos no curarán el HCV. Actualmente no hay vacuna disponible para el HCV.

Complicaciones: La mayoría de las personas infectadas con HAV o HBV no sufren complicaciones a largo plazo. Las personas que se vuelven portadoras crónicas de HBV o que tienen HCV son, sin embargo, capaces de transmitir la infección aunque no tengan síntomas. Los portadores crónicos de HBV y HCV tienen un mayor riesgo de desarrollar lesiones crónicas, cirrosis y cáncer de hígado.

Todas las enfermedades tratadas en este capítulo son sumamente peligrosas y se han convertido en un riesgo de salud nacional. La investigación continuará, se harán descubrimientos y lo más probable es que surjan enfermedades nuevas. Pero la mayoría de las personas tienen una opción en cuanto a ser expuestos a estas enfermedades.

Solo una solución es ciento por ciento eficaz para luchar contra el tremendo problema de las enfermedades de transmisión sexual. A través de esa solución, la mayoría de estas enfermedades pueden destruirse totalmente en una generación. Esta solución ha sido reconocida por miles de años, aunque nunca se llevó a cabo eficazmente. Como lo es cierto para cada problema tratado en este libro, la única solución realista regresa a la clara norma bíblica del matrimonio: Un solo compañero sexual y una vida comprometida a ser fiel y a compartir esa parte de la relación con nadie más hasta la muerte de la pareja. (En la antigüedad, a eso se le llamaba moralidad y fidelidad.) Si se practicara universalmente esa solución, las enfermedades de transmisión sexual no existirían cuando nuestros nietos fueran ancianos como para preocuparse por ellos.

El camino a la verdadera satisfacción está lleno de pozos y calles sin salida. Pero aquí hay un mapa de ruta claro. Si seguimos ese mapa, incluso cuando nos gustaría desviarnos por algo que se siente bien en el momento, llegaremos a nuestro destino.

Acercándonos

Si no está casado

1. ¿Cómo sería la vida en su hogar si un bebé recién nacido participara de él? Describa esa vida con el mayor detalle posible.
2. ¿Qué sueños para el futuro necesitaría dejar de lado? ¿Qué sueños necesitaría modificar? ¿De qué manera?

Si su matrimonio comenzó con un embarazo

1. ¿En que se diferenciaría su relación matrimonial si el embarazo hubiera ocurrido después de la boda?
2. ¿Qué específicamente está evitando que su matrimonio desarrolle esos aspectos positivos ahora?
3. ¿Necesita perdonar a alguien para hacer esas adaptaciones? ¿Necesita perdonarse a sí mismo?
4. Lea Juan 8:1-11. Tome algunas decisiones respecto de cómo responderá a las malas decisiones del pasado, tanto propias como las de los demás.

Notas

capítulo 1: Al descubrir la trampa

1. *U.S. News and World Report*, 19 de mayo de 1997, 54–59.
2. Guttmacher Institute, *Sex and America's Teenagers* [Sexo y adolescentes de Norteamérica] (Nueva York: Guttmacher Institute, 1994), 38.
3. P. Donovan, *Testing Positive: Sexually Transmitted Disease and the Public Health Response* [Encontrado positivo: Enfermedades de transmisión sexual y la respuesta del sistema de salud pública] (Nueva York: AGI, 1993), 24.
4. Guttmacher Institute, *Teenage Pregnancy: Overall Trends and State-by-state Information* [Embarazo durante la adolescencia: Tendencias globales e información estado por estado] (Nueva York: Guttmacher Institute, 1999).
5. *Ibíd.*
6. Guttmacher Institute, *Sex and America's Teenagers* [Sexo y adolescentes de Norteamérica], 19–20.

capítulo 3: Confusión respecto a la convivencia

1. David Popenoe y Barbara Defoe Whitehead, "Should We Live Together? What Young Adults Need to Know About Cohabitation Before

Marriage" ["¿Deberíamos vivir juntos? Lo que los jóvenes adultos necesitan saber acerca de la cohabitación antes del matrimonio"], The National Marriage Project, enero de 1999, 3–4.

2. Alfred DeMaris y K. Vaninadjha Rao, "Premarital Cohabitation and Subsequent Marital Stability in the United States: A Reassessment" ["Cohabitación prematrimonial y la subsiguiente estabilidad marital en los Estados Unidos: Una revalorización"], Journal of Marriage and Family 54 (1992): 178–90.

3. "Cohabitation Crisis" ["Crisis de cohabitación"], Nebraska Citizen 5, no. 3 (marzo de 2002).

4. Jan E. Stets, "The Link Between Past and Present Intimate Relationships" ["El vínculo entre las relaciones íntimas en el pasado y en el presente"], Journal of Family Issues 14 (1993): 236–60.

5. Sonia Miner Salari y Bret M. Baldwin, "Verbal, Physical and Injurious Aggression Among Intimate Couples over Time" [Agresiones perjudiciales, físicas y verbales entre parejas íntimas con el paso de los años], Journal of Family Issues 23 (mayo de 2000): 523–50.

6. Bureau of Justice Statistics, Intimate Partner Violence [Violencia en la pareja] (The National Crime Victimization Survey, U.S. Department of Justice, Washington D.C., mayo de 2000), 4–5.

7. Allan V. Horowitz et al., "The Relationship Between Cohabitation and Mental Health: A Study of Young Adult Cohorts" ["La relación entre la cohabitación y la salud mental: Un estudio de jóvenes adultos cohabitantes"], Journal of Marriage and the Family 60 (1998): 505–14.

8. Popenoe y Whitehead, "Should We Live Together? What Young Adults Need to Know About Cohabitation Before Marriage" ["¿Deberíamos vivir juntos? Lo que los jóvenes adultos necesitan saber acerca de la cohabitación antes del matrimonio"], 7.

9. Susan L. Brown, "Child Well-Being in Cohabiting Families" ["El bienestar del niño en familias cohabitantes"], en Just Living Together: Implications of Cohabitation on Families, Children and Social Policy, ed. Alan Booth y Ann C. Crouter (Mahwah, N.J.: Lawrence Erlbaum Assoc., 2002), 173–87.

10. Popenoe y Whitehead, "Should We Live Together? What Young Adults Need to Know About Cohabitation Before Marriage" ["¿Deberíamos

vivir juntos? Lo que los jóvenes adultos necesitan saber acerca de la cohabitación antes del matrimonio"], 8.

11. Robert Whelon, *Broken Homes and Battered Children: A Study of the Relationship Between Child Abuse and Family Type* [Hogares rotos y niños maltratados: Un estudio de la relación entre el maltrato infantil y el tipo de familia] (Londres, Inglaterra: Family Education Trust, 1993), 29.

12. Robert Schoen y Robin M. Weinick, "Partner Choice in Marriages and Cohabitations" [Decisiones de pareja en matrimonios y cohabitantes], *Journal of Marriage and the Family* 55 (1993): 408–14.

13. Susan L. Brown y Alan Both, "Cohabitation Versus Marriage: A Comparison of Relationship Quality" [Cohabitación frente a matrimonio: Una comparación de la calidad de la relación], *Journal of Marriage and the Family* 58 (1996): 668–78.

14. Barbara Foley Wilson y Sally Cunningham Clark, "Remarriages: A Demographic Profile" [Volverse a casar: Un perfil demográfico], *Journal of Family Issues* 13 (1992): 123–41.

15. U.S. Census Bureau, "Unmarried Couple Households, by Presence of Children: 1960 to Present" [Hogares de parejas sin casarse, por presencia de niños: Desde 1960 hasta el presente] (Washington, D. C.: U.S. Census Bureau, 29 de junio de 2001), tabla UC-1.

16. "Monitoring the Future Survey" ["Cómo monitorear la encuesta futura"] (Survey Research Center, University of Michigan, 1995). Citado en Popenoe y Whitehead, "Should We Live Together? What Young Adults Need to Know About Cohabitation Before Marriage" ["¿Deberíamos vivir juntos? Lo que los jóvenes adultos necesitan saber acerca de la cohabitación antes del matrimonio"], 3.

17. Judith Treas y Deirdre Giesen, "Sexual Infidelity Among Married and Cohabiting Americans" [Infidelidad sexual entre norteamericanos casados y cohabitantes], *Journal of Marriage and the Family* 62 (2000): 48–60.

18. National Marriage Project, *The State of Our Unions 2000: The Social Health of Marriage in America* [El estado de nuestras uniones 2000: La salud social del matrimonio en Estados Unidos] (New Brunswick, N.J.: The National Marriage Project, 2000).

19. Paul R. Amato y Alan Booth, *A Generation at Risk* [Una generación en riego] (Cambridge, Mass.: Harvard University Press, 1997), 258, tabla 4-2.

20. Linda J. Waite y Maggie Gallagher, *The Case for Marriage: Why Married People Are Happier, Healthier and Better-off Financially* [El caso acerca del matrimonio: Por qué las personas casadas son más felices, más saludables y les va mejor en las finanzas] (Nueva York: Doubleday, 2000).

capítulo 4: El efecto ilícito

1. Helen Singer Kaplan, *The New Sex Therapy* [La nueva terapia sexual] (Nueva York: Brunner/Mazel, 1974), 159.

2. Donald Joy, *Re-Bonding: Preventing and Restoring Damaged Relationships* [Volver a vincularse: Cómo prevenir y restaurar las relaciones dañinas] (Nappanee, Ind.: Evangel Publishing House, 2000).

3. Ed Wheat y Gaye Wheat, *Intended for Pleasure* [Con intención de placer], 3d ed. rev. (Grand Rapids: Revell, 1997).

capítulo 5: La trampa de la virginidad técnica

1. Desmond Morris, *Intimate Behavior* [Conducta íntima] (Nueva York: Random House, 1971), 74–78.

2. Tim Stafford, "Love, Sex and the Whole Person" ["Amor, sexo y la persona total"], *Campus Life*, diciembre de 1987, 8. Usado con permiso.

3. Michael R. Crosby, *Sex in the Bible: An Introduction to What the Scriptures Teach Us About Sexuality* [EL sexo en la Biblia: Una introducción a lo que las Escrituras enseñan acerca de la sexualidad] (Upper Saddle River, N.J.: Prentice-Hall, 1984), 172, 176.

capítulo 6: Adicción sexual

1. Patrick Carnes, *Out of the Shadows* [Fuera de las sombras] (Miniápolis: CompCare Publishers, 1983), 4.

2. *Ibíd.*, 10.
3. *Sexaholics Anonymous,* derechos reservados © 1985 por S.A. Literature. Reimpreso con permiso.
4. Claire W., *God, Help Me Stop* [Dios, ayúdame a detenerme] (P.O. Box 27364, San Diego, Calif., 1982).
5. Grateful Members, *The Twelve Steps for Everyone* [Los doce pasos para todos] (Miniápolis, Minn.: CompCare Publications, 1975).
6. *Sexaholics Anonymous,* derechos reservados © 1985 por S.A. Literature. Reimpreso con permiso.

capítulo 7: El otro lado de la moneda

1. Joseph Dillow, *Solomon on Sex* [Salomón sobre el sexo] (Nashville: Thomas Nelson, 1982), 24.
2. David Hocking, *Romantic Lovers* [Amantes románticos] (Eugene, Ore.: Harvest House, 1987).
3. Dillow, *Solomon on Sex* [Salomón sobre el sexo].

capítulo 8: Al descubrir la libertad

1. Dwight Carlson, *Sex and the Single Christian* [Sexo y el cristiano soltero] (Ventura, Calif.: Regal Books, 1985), 53.

capítulo 9: Un mensaje muy, muy antiguo

1. Joseph Dillow, *Solomon on Sex* [Salomón sobre el sexo] (Nashville: Thomas Nelson, 1982), 24.

Apéndice: "¿Hola, doctor...?"

1. U.S. Teenage Pregnancy Statistics [Estadísticas de embarazos en adolescentes de los Estados Unidos], Allan Guttmacher Institute, 5 de marzo de 2001.
2. Sara Mclanahan y Gary Sandefur, *Growing Up With a Single Parent: What Hurts, What Helps* [Crecer con un solo padre: Lo que molesta y lo que ayuda] (Cambridge: Harvard University Press, 1994), 2.

3. Pat Fagan, "How Broken Families Rob Children of Their Chances for Prosperity" ["Cómo las familias quebrantadas le roban a los niños sus oportunidades de prosperidad"], *Heritage Backgrounder* no. 1283 (11 de junio de 1999), 14.

4. Anne Speckhard, citada en Josh McDowell, *Why Wait? What You Need to Know About the Teen Sexuality Crisis* [¿Por qué esperar? Lo que necesita conocer acerca de la crisis de sexualidad en los adolescentes] (San Bernardino, Calif.: Here's Life, 1987), 218.

5. Ed Wheat y Gaye Wheat, *Intended for Pleasure* [Con intención de placer], 3d ed. rev. (Grand Rapids: Revell, 1997).